Estâncias de Dzyan

H. P. BLAVATSKY

Estâncias de Dzyan

TRADUÇÃO
Lilian Dionysia

AJNA

Sumário

9 Apresentação

19 Glossário de Termos Técnicos

LIVRO I: COSMOGÊNESE

24 *Rig Veda, X, 129*

25 Prólogo

AS ESTÂNCIAS DE DZYAN

55	ESTÂNCIA I.	A Noite do Universo
58	ESTÂNCIA II.	A Ideia de Diferenciação
59	ESTÂNCIA III.	O Despertar do Cosmos
63	ESTÂNCIA IV.	As Hierarquias Setenárias
66	ESTÂNCIA V.	Fohat, o Filho das Hierarquias Setenárias
69	ESTÂNCIA VI.	Nosso Mundo, seu Crescimento e Desenvolvimento
72	ESTÂNCIA VII.	Os Pais do Homem na Terra

75 Em Resumo

LIVRO II: ANTROPOGÊNESE

106 *Kalevala, Runa I*
107 Notas Preliminares

AS ESTÂNCIAS DE DZYAN

117	ESTÂNCIA I.	Primórdios da Vida Senciente
119	ESTÂNCIA II.	Sem Ajuda a Natureza Falha
122	ESTÂNCIA III.	Tentativas de Criar o Homem
123	ESTÂNCIA IV.	Criação da Primeira Raça
126	ESTÂNCIA V.	A Evolução da Segunda Raça
128	ESTÂNCIA VI.	A Evolução dos Nascidos do Suor
129	ESTÂNCIA VII.	Dos Sete Divinos até a Primeira Raça Humana
132	ESTÂNCIA VIII.	Evolução dos Mamíferos – A Primeira Queda
135	ESTÂNCIA IX.	A Evolução Final do Homem
137	ESTÂNCIA X.	A História da Quarta Raça
139	ESTÂNCIA XI.	Civilização e Destruição da Terceira e Quarta Raças
141	ESTÂNCIA XII.	A Quinta Raça e seus Instrutores Divinos

143 Conclusão
155 Notas

Apresentação

As *Estâncias de Dzyan* são, por assim dizer, o arcabouço em torno do qual foi construída a grande obra de H. P. Blavatsky, *A Doutrina Secreta*. Ou, para usar outra analogia, são os troncos das árvores de uma floresta cobertos e cercados por uma espessa vegetação rasteira de vida entrelaçada. De acordo com o ditado, a floresta muitas vezes não é vista por causa das árvores, mas, com maior frequência, estas não são vistas em virtude da densa vegetação rasteira. O objetivo deste livro é mostrar o arcabouço, revelar os troncos das árvores cortando a vegetação rasteira, de modo a tornar mais visível e mais facilmente compreendida a estrutura subjacente ao todo.

Mas, para a maioria das pessoas, as Estâncias sozinhas se mostrariam uma substância muito sutil. Para dar-lhes corpo, foram incluídos os Prólogos e Epílogos de H. P. B., como também os títulos das Estâncias de ambos os Livros. Tudo isso foi obra de H. P. B. Só por essa razão já vale a pena ser preservado e estudado. Em poucas palavras, expressam o conteúdo essencial do verso e da estância, sendo úteis para a compreensão das Estâncias, assim como as breves notas explicativas adicionadas aos versos e extraídas dos comentários mais longos.

H. P. B. nos diz que o livro do qual as Estâncias foram tiradas "não está na posse de bibliotecas europeias, sendo totalmente desconhecido de nossos filólogos, ou pelo menos nunca foi visto por eles sob tal nome. São as *Estâncias de Dzyan* – termo derivado da palavra sânscrita "dhyana" (meditação mística) – o primeiro volume dos *Comentários* [em catorze volumes] sobre os sete fólios secretos de *Kiu-ti*, e um glossário das obras públicas de mesmo nome. Trinta e cinco volumes do *Kiu-ti*, dedicados a fins exotéricos e para uso dos leigos, podem ser encontrados na posse dos Lamas tibetanos Gelugpa, na biblioteca de qualquer mosteiro; e também catorze livros [ou volumes] de Comentários e anotações sobre os mesmos pelos Mestres ancestrais. Estritamente falando, esses trinta e cinco livros deveriam ser denominados a "versão popular" da doutrina secreta, repleta de mitos, equívocos e erros; por outro lado, os catorze volumes de *Comentários* – com suas traduções, anotações e um amplo glossário de termos ocultos, elaborados a partir de um pequeno fólio arcaico, o *Livro da Sabedoria Secreta do Mundo* – contêm um resumo de todas as ciências ocultas. Estes, ao que parece, são mantidos em segredo e separados, sob a responsabilidade do Teshu Lama de Tjigad--je. Os [trinta e cinco] livros exotéricos de *Kiu-ti* são relativamente modernos, tendo sido editados no último milênio, enquanto os primeiros [dos catorze] volumes dos *Comentários* são de uma antiguidade incalculável, dos quais foram preservados alguns fragmentos dos cilindros originais. Com a exceção de explicarem e corrigirem alguns dos relatos muito fabulosos e extremamente exagerados dos livros [exotéricos] de *Kiu-ti* – devidamente assim chamados – os *Comentários* têm pouco a ver com esses. Nenhum estudante, a não ser os muito avançados, seria beneficiado pela leitura desses volumes exotéricos. Eles devem ser lidos com uma chave para seu significado, e essa chave só pode ser encontrada nos *Comentários*.[1]

Do exposto, é evidente que devemos distinguir entre os três conjuntos de livros de *Kiu-ti*:

---

1 *Doutrina Secreta (DS)*, I, xxii, e *DS*³, III, 405-6.

I. Sete volumes *secretos*;

II. Catorze volumes de *Comentários*, anotações e um glossário para iniciados;

III. Trinta e cinco volumes *exotéricos*.

Parece ainda que as "Estâncias de Dzyan" foram extraídas do primeiro volume do segundo conjunto. Também descobrimos que ao longo de *A Doutrina Secreta* muitas outras passagens foram tiradas desse mesmo conjunto de *Comentários*. A própria H. P. B. reconhece isso no final de seu Segundo Livro das Estâncias. "Esta parte da *Doutrina Secreta*", ela escreve, "deve ser concluída. Os quarenta e nove versos[2] [do Segundo Livro] e os poucos fragmentos dos *Comentários,* que acabamos de apresentar, são tudo o que pode ser publicado nesses volumes. Tais versos e fragmentos com alguns registros ainda mais antigos [os sete volumes secretos] – aos quais somente os mais altos Iniciados têm acesso – e toda uma biblioteca de comentários, glossários

---

2 No original está "Estâncias" em vez de "versos". Mas o Livro II apresenta apenas doze estâncias, com quarenta e nove versos ao todo. Para facilitar a referência, os versos do Livro I também foram numerados consecutivamente em nossa presente edição. Esse primeiro livro apresenta sete estâncias com cinquenta e três versos.

e explicações formam a sinopse da gênese do homem. É dos *Comentários* que temos até agora citado e tentado explicar o significado oculto de algumas alegorias".[3]

H. P. B. sabia pelo menos partes desses livros de cor. O Mestre K.H.[4] certa vez aconselhou A. P. Sinnett: "Leia o livro de *Kiu-ti*", e acrescentou: "H. P. B. pode traduzir para você alguns parágrafos, pois os conhece de cor".[5] O que ela fez, de fato, como é mostrado por alguns manuscritos das *Notas do Livro de Kiu-ti* que circulavam entre os membros mais antigos nos primeiros anos da Sociedade Teosófica.[6] Outros trechos do "Livro IV de *Kiu-ti*, o Capítulo sobre 'As Leis de Upasanas'" (Discipulado), são encontrados num artigo de H. P. B. sobre "Chelas e Chelas Leigos" (Discípulos e Discípulos Leigos).[7]

A respeito do idioma das Estâncias, H. P. B. escreveu: "As Estâncias são apresentadas em sua

---

3   *DS*, II, 437.
4   Kut Humi Koot Hoomi, ou Kuthumi, conhecido por K.H., é considerado um dos Mahatmas (Mestres) que inspirou a fundação da Sociedade Teosófica. (N.T.)
5   *CM* [*Cartas dos Mahatmas*], 285.
6   Estes foram publicados por C. Jinarajadasa em *The Early Teachings of the Masters* [Os Primeiros Ensinamentos dos Mestres], 1923, pp. 184-193.
7   *The Theosophist*, Suplemento de julho de 1883, p. 10; *Five Years of Theosophy*, p. 31.

versão moderna traduzida,[8] pois seria pior além de inútil tornar o assunto ainda mais difícil introduzindo a fraseologia arcaica do original, com seu estilo e suas palavras enigmáticas. Os fragmentos vêm das traduções chinesas, tibetanas e sânscritas dos *Comentários* originais em senzar e das notas sobre as *Estâncias de Dzyan* – sendo traduzidos pela primeira vez para um idioma europeu. Apenas partes das Estâncias são apresentadas. Se fossem publicadas na íntegra, permaneceriam incompreensíveis para todos, exceto para os poucos ocultistas mais elevados. Assim como a maioria dos leigos, a escritora, ou melhor, a humilde copista, não entende essas passagens proibidas. Para facilitar a leitura e evitar a referência demasiado frequente a notas de rodapé, considerou-se melhor combinar textos e notas, usando os nomes próprios em sânscrito e tibetano sempre que não pudessem ser evitados, de preferência a usar os originais [senzar]. Tanto mais que os referidos termos [sânscritos e tibe-

---

8   Não tenho certeza do que isso significa. Simplesmente: "em sua tradução ou versão em inglês moderno", deixando de lado o idioma do qual foram traduzidos? Ou: "em sua tradução para o inglês das versões modernas em chinês, tibetano e sânscrito?" Creio tratar-se desta última língua. Ver o texto acima e a próxima página.

tanos] são todos sinônimos aceitos, os primeiros [ou seja, os originais senzar] sendo usados apenas entre um Mestre e seus discípulos".

Algumas palavras sobre o senzar, "a língua sacerdotal secreta, a língua misteriosa dos iniciados. Houve um tempo em que sua língua era conhecida pelos iniciados de todas as nações, quando os antepassados dos toltecas a entendiam tão facilmente quanto os habitantes da desaparecida Atlântida, que a herdaram dos sábios da terceira raça que, por sua vez, aprenderam direto dos deuses da segunda e da primeira raça. Foi a primeira língua da quinta raça, a raiz do sânscrito [posterior]. Conhecido atualmente em sua totalidade por bem poucos, o senzar se tornou para as massas há mais de cinco mil anos uma língua absolutamente morta. Essa linguagem misteriosa das raças pré-históricas tinha sua própria escrita, uma antiga cifra hieroglífica ainda preservada em algumas fraternidades. Não é uma escrita fonética, mas sim puramente pictórica e simbólica".[9]

---

9   O texto original usa o termo "língua" em vez de "escrita". *DS*[1], I, xliii, II, 200, 438, 574. Já em *Isis Unveiled* [*Ísis sem Véu*], onze anos antes, H. P. B. havia feito menção aos "caracteres senzar (ou língua do Sol), (sânscrito antigo)". (1, 440). Ver também *Man, Fragments of Forgotten History* [Homem: Fragmentos da História Esquecida], 1885, p. 99.

Prosseguindo com as Estâncias: "Se traduzidas para o inglês, usando apenas os substantivos e termos técnicos empregados numa das versões tibetana e sânscrita,[10] o verso 1 seria o seguinte: 'Tho-ag em Zhi-gyu dormiu sete Khorlo. Zodmanas zhiba. Toda alma Nyug. Não Konch-hog; não Thyan-Kam; não Lha-Chohan; não Tenbrel Chugnyi; o Dharmakaya cessou; não se tornou Tgenchang; Barnang e Ssa em Ngovonyidj; apenas Thog-og Yinsin na noite de Sun-chan e Yong-grub (Parinishpanna)', etc., etc.,[11] o que soaria como puro *abracadabra*. Como esta obra [*A Doutrina Secreta*] foi escrita para a instrução de estudantes de ocultismo, e não para o benefício de filólogos, podemos evitar tais termos em línguas estrangeiras sempre que possível. Apenas os termos intraduzíveis, incompreensíveis a menos que explicados em seus significados, foram mantidos, mas todos eles foram transcritos em sua forma sânscrita [ou tibetana]. Em quase todos os casos, essas (formas sânscritas) são o desenvolvimento posterior da língua [sânscrita] e pertencem à quinta raça-raiz".[12]

---

10   O texto original usa o termo "senzar" em vez de "sânscrito". Pelo que foi mostrado acima sobre o caráter secreto do senzar, este é um equívoco óbvio.

11   *DS*[1], I, 22-3.

12   Ver nota anterior.

Em alguns aspectos, a presente edição é um ponto de partida inteiramente novo. Tenta fazer com que a doutrina secreta se expresse apenas em inglês. Pretende ser uma edição "popular", voltada não para o erudito, mas para a pessoa comum, que domina apenas uma língua. Eu gostaria de ver o livro na mão de todos. Confio na língua inglesa, em seu poder de expressar adequadamente até mesmo os conceitos mais profundos, se devidamente traduzidos. Esta edição é um esforço nesse sentido. Para esse fim, fui muito além do que H. P. B. retirando do texto os "termos em línguas estrangeiras". Apenas alguns deles – karma, yoga, arhat – foram mantidos, todos os outros foram substituídos pelos seus equivalentes em inglês, selecionados entre aqueles fornecidos pela própria H. P. B. Uma lista alfabética desses termos, com seus originais em chinês, tibetano ou sânscrito, foi anexada.

Outra pequena simplificação do texto foi obtida pelo emprego mais econômico de letras iniciais maiúsculas. Estas foram mantidas de modo geral apenas para nomes próprios e de pessoas, bem como, evidentemente, em casos de reverência e ênfase. Buscou-se manter a coerência geral na ortografia e na pontuação.

Os Prólogos e Epílogos de H. P. B. foram abreviados, além de serem extraídos os termos estrangeiros e as iniciais maiúsculas. Seu estilo era muitas vezes digressivo. Todo o material irrelevante para o assunto principal e praticamente todas as referências e anotações de outros livros foram omitidas. Fui encorajado a realizar essa abreviação por observação do K. H. de que, aquilo que na *Doutrina Secreta* H. P. B. "não *anotou* das obras científicas e de outras, nós [os Adeptos] lhe mostramos ou *sugerimos*".[13] Cabe-nos, portanto, distinguir entre o que foi escrito por H. P. B. como sugerido pelos Mestres; e o que é uma anotação emprestada por ela de outros livros e autores. Deixando de lado esses últimos, tentei oferecer aqui o que, na verdade, pode ser chamado

A ESSÊNCIA DA DOUTRINA SECRETA.

Arya Asanga

---

13 *Letters from the Masters of the Wisdom* [Cartas dos Mestres de Sabedoria], I, 54. Os itálicos são do Mestre.

Glossário de Termos Técnicos

Absoluto	*Brahma(n), Parabrahma(n)*
Aether, éter verdadeiro	*Akasha*
Alma purificada	*Dangma*
Autocriados (sem pais)	*Anupadaka*
Bem-aventurança	*Nirvana*
Bem-aventurança suprema	*Pari-nirvana, Parinishpanna, Yong Grub*
Causa da existência e miséria	*Nidana*
Causa primeva, causa suprema da existência	*Adi-nidana*
Céu melodioso do som	*Kwan Yin Tien*
Criador	*Brahma*
Demônio feminino	*Khado, Dakini*
Demônio, não Deus	*Asura*
Desejo	*Kama*
Deuses	*Suras*
Discípulo	*Lanoo*

Dissolução	*Pralaya*
Espaço-mãe	*Aditi*
Espírito (s)	*Lha, Lhamayin*
Espírito Divino	*Narayana*
Espírito, ego	*Atma*
Evolução	*Manvantara*
Existencialidade	*Sat*
Fantasma	*Bhuta*
Filho da sabedoria	*Manasa*
Forma	*Rupa*
Fração	*Tsan*
Grande	*Maha, Mahat*
Homem, pensador	*Manu*
Humano	*Manushaya*
Idade	*Kalpa*
Ilusão	*Maya*
Inteligência, alma espiritual	*Buddhi*
Inteligências espirituais	*Dhyan Chohans*
Jarda	*Yati*
Logos, verbo, palavra, fala, voz, som	*Kwan Shai Yin*
Lua	*Soma*
Mãe de misericórdia e conhecimento	*Kwan yin*
Mãe dos deuses	*Deva-matri*
Mãe-lótus	*Matri-padma*
Matéria raiz	*Mulaprakriti*

Meditação, contemplação, inteligência	*Dhyana, Dzyan*
Mente	*Manas*
Nosso universo	*Sien Tchan*
Pai-mãe dos deuses	*Oeaohoo*
Pais dos deuses	*Oi-ha-hou*
Pais, progenitores	*Pitris*
Plano	*Loka*
Poder criador (energia, essência do Logos)	*Shakti, Fohat*
Poder criador supremo	*Adi-Shatki*
Poder mágico, criador	*Kriyashakti*
Primevo, ancião	*Adi-sanat*
Primevo, primeiro	*Adi*
Quatro	*Chatur*
Realidade absoluta	*Paramartha*
Registrador	*Lipika*
Sabedoria coletiva, meditação	*Dzyu*
Sábio	*Rishi*
Sem forma, não forma	*Arupa*
Sem mente	*Amanasa*
Semente	*Shishta*
Senhor	*Chohan*
Ser celestial	*Ah-hi*
Serpente	*Sarpa*
Sete	*Sapta*
Sete folhas	*Sapta-parna*

Sombra	*Chhaya*
Substância raiz	*Svabhavat*
Superalma, alma universal	*Alaya*
Terra	*Bhumi*
Três	*Tri*
Trinta	*Tridasha*
Turbilhão de Fogo	*Fohat*
Um	*Eka*
Veículo	*Vahan*
Verso	*Shloka*
Vida	*Jiva*
Zero	*Laya*

Livro I
Cosmogênese

"Nada, coisa alguma existia; nem
O céu iluminado, nem o vasto domo
Celeste estendido acima.
O que ocultava tudo? O que abrigava?
O que escondia?
Seria o abismo de águas profundas?
Não havia a morte – nem a imortalidade,
Nem havia limite entre o dia e a noite;
O Um respirava sem fôlego por Si mesmo,
Salvo Ele, desde então, nada havia.
Havia trevas ocultas
Em trevas profundas – um oceano sem luz –
O germe ainda envolto pela casca
Eclode, uma natureza, do calor ardente...
Quem sabe o segredo? Quem o proclamou?
De onde, de onde surgiu essa exuberante criação?
Os próprios deuses vieram apenas mais tarde –
Quem sabe de onde surgiu esta grande criação?
Aquilo, de onde veio toda esta grande criação,
Se a Sua vontade criou ou se calou,
O Altíssimo Vidente que está no mais alto céu
Há de saber – ou talvez nem mesmo Ele saiba."

Rig Veda, X, 129

Prólogo

Um manuscrito arcaico – uma coleção de folhas de palmeira impermeáveis à água, ao fogo e ao ar por algum processo específico desconhecido – está diante dos olhos da autora. Na primeira página há um disco branco imaculado dentro de um fundo preto fosco. Na página seguinte, o mesmo disco, mas com um ponto central. O estudante sabe que a primeira página representa o cosmos na Eternidade, antes do novo despertar da energia ainda adormecida, a emanação do Verbo [ou Logos] nos sistemas posteriores. O ponto no disco até então imaculado, espaço e eternidade em dissolução, denota a aurora da diferenciação. É o ponto no ovo cósmico,[14] o germe dentro deste último que se

---

14 O ovo do mundo, ovo cósmico ou ovo mundano é um motivo mitológico encontrado na cosmogonia de muitas culturas, como na protoindo-europeia, por exemplo. Em geral, o ovo do mundo representa algum tipo de começo, quando o universo ou um ser primordial vem à existência por "eclosão" do ovo. [Fonte: Leeming, David Adams, *Creation Myths of the World: An Encyclopedia, Book 1.* [Mitos da criação do mundo: uma enciclopédia, Livro 1.] ABC-CLIO. p. 144] (N.T.)

tornará o universo, o TODO, o cosmos intermitente e ilimitado, sendo esse germe latente e ativo, periodicamente e por turnos.

O círculo é a unidade divina da qual tudo procede, para onde tudo retorna. Sua circunferência indica a PRESENÇA abstrata, sempre incognoscível, e sua superfície, a ALMA UNIVERSAL, embora as duas sejam uma coisa só. A face do disco sendo branca, e o fundo todo preto, mostra claramente que seu plano é o único conhecimento alcançável pelo homem, embora ainda seja obscuro e nebuloso. É nesse plano que começam as manifestações evolutivas; pois é nessa alma que adormece, durante a dissolução, o pensamento divino,[15] onde está oculto o plano de toda cosmogonia e teogonia futura.

---

15 O termo "pensamento divino", assim como "mente universal", não deve ser considerado nem sequer de forma vaga como um processo intelectual semelhante ao manifestado pelo homem. Somente aqueles que percebem até que ponto a intuição se eleva acima dos processos tardios do pensamento racional podem formar a mais tênue concepção daquela sabedoria absoluta que transcende a noção de tempo e espaço. A mente, como a conhecemos, é convertível em estados de consciência de duração, intensidade, complexidade, etc., variados – tudo, em última análise, baseado na sensação, que é novamente uma ilusão. A sensação, mais uma vez, implica necessariamente limitação. O Deus pessoal do teísmo ortodoxo percebe, pensa e é

Ele [o Absoluto] é a VIDA UNA, eterna, invisível, mas onipresente, sem começo nem fim, contudo periódica em suas manifestações regulares, entre as quais reina o vago mistério do não ser; inconsciente, mas com consciência absoluta; irrealizável, mas a única realidade autoexistente; na verdade, "um caos para os sentidos, um cosmos para a razão". Seu único atributo absoluto, que é ELE MESMO, o movimento eterno e incessante, chamado na linguagem esotérica de "grande alento", que é o movimento perpétuo do universo, no sentido de ESPAÇO ilimitado e onipresente. O que é imutável não pode ser divino. Mas então, não há nada de fato e na realidade absolutamente imóvel dentro da alma universal.

Desde o início da sucessão do homem, desde a primeira aparição dos arquitetos do mundo em que ele vive, a Deidade não revelada foi reconhecida e considerada sob seu único aspecto filosó-

---

afetado pela emoção; arrepende-se e sente uma "raiva feroz". Entretanto, a noção de tais estados mentais envolve claramente o postulado impensável da exterioridade dos estímulos excitantes, para não falar da impossibilidade de atribuir imutabilidade a um Ser cujas emoções flutuam de acordo com os eventos que acontecem no mundo regido por ele. As concepções de um Deus Pessoal imutável e infinito se opõem, portanto, à concepção psicológica e, o que é pior, à filosófica.

fico – o movimento universal, a vibração do alento criativo na natureza. O ocultismo resume assim a "existência única": "A Deidade é um FOGO arcano, vivo (ou em movimento), e as testemunhas eternas dessa presença invisível são a luz, o calor e a umidade" – trindade que contém e é a causa de todos os fenômenos da natureza. O movimento Intracósmico é eterno e incessante; o movimento cósmico (que é visível, ou está sujeito à percepção) é finito e periódico. Como abstração eterna é o SEMPRE PRESENTE; como manifestação, é finito tanto na direção de origem quanto na direção oposta, sendo os dois o alfa e o ômega de sucessivas reconstruções. O cosmos – o NÚMENO[16] – nada tem a ver com as relações causais do mundo fenomênico. Somente no que se refere à alma intracósmica, o cosmos ideal no imutável pensa-

---

16 Do alemão *Noumenon*. "No *kantismo*, a realidade tal como existe em si mesma, de forma independente da perspectiva necessariamente parcial em que se dá todo o conhecimento humano; coisa em si, nômeno, noúmeno [Embora possa ser meramente pensado, por definição é um objeto incognoscível.] Palavra criada pelo filósofo alemão E. Kant (1724-1804), a partir do gerúndio *nooúmena*, usada por Platão ao falar da ideia, propriamente 'aquilo que é pensado, pensamento'". Fonte: *Dicionário eletrônico Houaiss da língua portuguesa*. (N.T.)

mento divino, que podemos dizer: "Nunca teve um começo nem terá um fim". No que diz respeito ao seu corpo ou organização cósmica, embora não se possa dizer que teve uma primeira, ou jamais terá uma última construção, ainda assim, a cada nova evolução, sua organização pode ser considerada a primeira e a última de seu tipo, pois evolui a cada vez num plano superior.

"A doutrina esotérica ensina que a única essência infinita e desconhecida existe desde toda a eternidade, e que em sucessões regulares e harmoniosas é passiva ou ativa. Ao inaugurar um período ativo, diz a doutrina secreta, uma expansão dessa essência divina *de dentro para fora*[17] ocorre em obediência à lei eterna e imutável, e o universo fenomenal ou visível é o resultado final da longa cadeia de forças cósmicas assim progressivamente postas em movimento. Do mesmo modo, quando a condição passiva é retomada, ocorre uma contração da essência divina, e o trabalho anterior de criação é gradual e progressiva-

---

17 Assim, em *Ísis sem Véu* (II, 264-5) do qual essa passagem é citada. Nosso texto diz erroneamente "de fora para dentro e de dentro para fora". A explicação da manifestação do universo acontece, naturalmente, "de dentro para fora" e a contração, ou dissolução, "de fora para dentro". (N.E.)

mente desfeito. O universo visível se desintegra, sua matéria é dispersada; e as 'trevas', solitárias e sozinhas, se reproduzem mais uma vez sobre a face do 'abismo'. Para usar uma metáfora (dos Livros Sagrados)[18] que transmite a ideia de forma ainda mais clara, uma exalação fora da 'essência desconhecida' produz o mundo; e uma inalação faz com que desapareça. Esse processo vem ocorrendo desde a eternidade, e nosso universo atual é apenas um de uma série infinita que não teve início e não terá fim."

Essa passagem [de *Ísis sem Véu*] será explicada, na medida do possível, neste livro. Embora, como está agora, não contenha nada de novo para o orientalista, sua interpretação esotérica pode conter o que até agora permaneceu inteiramente desconhecido para o estudante ocidental.

A primeira ilustração [no manuscrito arcaico] sendo um círculo plano ○, o segundo símbolo arcaico mostra ☉ um círculo com um ponto cen-

---

18   As palavras entre aspas não são encontradas em *Ísis sem Véu*. Os Livros Secretos citados aqui são provavelmente os *Comentários* de *Kiu-ti*. (N.E.)

tral – a primeira diferenciação nas manifestações periódicas da natureza eterna, assexuada e infinita "espaço-mãe" no "AQUILO", o ponto central do círculo, ou o espaço potencial dentro do espaço abstrato. Em seu terceiro estágio o ponto é transformado em diâmetro, assim ⊖. Simboliza agora uma mãe-natureza divina e imaculada, dentro da infinitude absoluta e abrangente. Quando a linha do diâmetro é cruzada por uma vertical ⊕, torna-se a cruz mundana. A humanidade atingiu sua terceira raça-raiz; é o sinal para o início da origem da vida humana. Quando a circunferência desaparece e deixa apenas o +, é sinal de que a queda do homem na matéria está consumada, e começa a QUARTA raça. A cruz dentro do círculo simboliza o panteísmo puro; quando a cruz foi inscrita sem o círculo, tornou-se um símbolo fálico. Tinha o mesmo significado, e ainda outros, como um TAU inscrito dentro de um círculo ⊕ ou como o "martelo de Thor", a assim chamada cruz jaina, ou simplesmente a suástica dentro de um círculo ⊕.

Pelo terceiro símbolo – o círculo dividido em dois pela linha horizontal do diâmetro – a primeira manifestação da natureza criadora se exprimiu (ainda passiva, porque feminina). A primeira percepção sombria do homem ligada à procriação é feminina, porque o homem conhece sua mãe mais do que seu pai. Por essa razão, as divindades femininas eram mais sagradas que as masculinas. A natureza é, portanto, feminina e, até certo ponto, objetiva e tangível, e o princípio espiritual que a frutifica está oculto. Ao adicionar uma linha perpendicular à linha horizontal dentro do círculo, o tau é formado T – a forma mais antiga da letra. Era o glifo da terceira raça-raiz até o dia de sua "queda" simbólica – isto é, quando ocorreu a separação dos sexos por evolução natural – quando a figura se tornou ⊕ , o círculo, ou vida assexuada, foi modificado ou separado – um duplo glifo ou símbolo. Com as [sub] raças de nossa quinta raça tornou-se em simbologia o sacr'[19] das primeiras raças formadas; depois foi mudada para o símbolo egípcio ☥ (emblema da vida), e ainda mais tarde para o símbolo de Vênus ♀. Depois vem a suástica (o martelo de Thor, ou a "cruz hermética" de agora), inteiramente separada de seu círculo, tornando-se assim puramente fálica. O símbolo esotérico de kali yuga é a estrela de cinco pontas invertidas ⛤, assim – o símbolo da feitiçaria humana, com suas duas pontas (chifres) voltadas para o céu, posição

---

19 Do qual "sagrado", "sacramento", são derivados, e agora se tornaram sinônimos de "santidade". (N.E.)

que todo ocultista reconhecerá como a da "mão esquerda", e usada na magia cerimonial.

* * *

O Absoluto não é Deus", porque não é um Deus. "É o que é supremo, e não supremo." É "supremo" como CAUSA, não supremo como EFEITO. É, simplesmente, como uma "realidade secundária", o cosmos que tudo abrange – ou melhor, o espaço cósmico infinito – no sentido espiritual mais elevado, é claro, sendo a raiz suprema, imutável, pura, livre, permanente, "a ÚNICA existência verdadeira", e a inteligência e consciência absolutas não podem ser conhecidas, "pois AQUILO não pode ter sujeito de cognição". O Absoluto é, em suma, o agregado coletivo do cosmos em sua infinitude e eternidade, o AQUILO e o ISTO aos quais os agregados distributivos não podem ser aplicados. "No princípio ISTO era o Ego, que é único." ISTO se refere ao universo; o sentido das palavras "No princípio" significando antes da reprodução do universo fenomenal.

Portanto, quando os panteístas ecoam a doutrina secreta, ao afirmar que ISTO não pode ser criado não estão negando um criador, ou melhor, um *agregado coletivo* de criadores, mas apenas se recusando, muito logicamente, a atribuir a criação, e especialmente a formação, que são algo finito, a um princípio infinito. Segundo eles, o Absoluto é [im]passivo pois, sendo causa absoluta, é incondicionado. Apenas a onisciência e a onipotência limitadas são recusadas a este último, porque ainda são atributos, e porque o Absoluto, sendo o "TODO supremo", o permanente espírito invisível e alma da natureza, imutável e eterno, não pode ter atributos; o princípio absoluto naturalmente impede toda e qualquer ideia de conexão com o finito ou limitado. Como não pode haver dois infinitos nem dois absolutos em um universo supostamente ilimitado, essa autoexistência dificilmente pode ser concebida como criação pessoal. No sentido e nas percepções de "seres" finitos, ISTO é "não ser", no sentido de que é a única existencialidade; pois, nesse TODO está oculta sua emanação coeterna e coeva ou radiação inerente, que, ao se tornar periodicamente criadora (a potência macho-fêmea) se torna ou se expande no universo manifestado. O espírito divino movendo-se sobre as águas (abstratas) do espaço transforma-se nas águas de substância concreta movidas por ele, que agora se torna a Palavra ou Logos manifestado.

Os ortodoxos que mais se opõem aos panteístas, chamando-os de ateus, são forçados a aceitar a morte do criador, ao término de cada "idade" dessa (criadora) divindade (cem anos divinos – um intervalo de tempo que, para ser expresso em nossos anos terrestres, requer quinze algarismos [311.040.000.000.000]). No entanto, nenhum filósofo entre eles verá essa "morte" em qualquer outro sentido que não seja como um desaparecimento temporário do plano manifestado da existência, ou como um descanso periódico.

Os ocultistas mostram a impossibilidade de aceitar em bases filosóficas a ideia do TODO absoluto criando, ou mesmo evoluindo o "ovo dourado", no qual se diz ter entrado para transformar-se em criador, que depois expande-se em deuses e em todo o universo visível. Afirmam que a unidade absoluta não pode passar para o infinito; pois o infinito pressupõe a extensão ilimitada de *algo* e a duração desse "algo"; e o único TODO é como o espaço – que é sua única representação mental e física nesta Terra, ou em nosso plano de existência – não sendo objeto nem sujeito da percepção. Se pudéssemos supor o eterno e infinito Todo, a unidade onipresente, em vez de estar na eternidade, transformando-se por meio da manifestação periódica num universo múltiplo ou numa personalidade múltipla, essa unidade deixaria de ser única. O espaço não é um "vácuo sem limites" nem uma "plenitude condicionada", mas ambas as coisas: sendo, no plano da abstração absoluta, a divindade sempre incognoscível, sendo vacuidade apenas para as mentes finitas e de percepção ilusória, o espaço repleto de matéria *(plenum)*, o receptáculo absoluto de tudo o que é manifestado ou não manifestado: é, portanto, esse todo absoluto. Não há diferença entre o "Nele vivemos, nos movemos e existimos" do apóstolo cristão e "O universo vive, procede e retornará ao criador" do sábio hindu, pois o Absoluto, o não manifestado, é esse universo *oculto*, e o criador, o manifestado, é o Logos, transformado em masculino-feminino pelos simbólicos dogmas ortodoxos. O Deus do apóstolo iniciado e do sábio hindu é tanto o espaço invisível quanto o visível. O espaço é chamado no simbolismo esotérico de "o eterno pai-mãe de sete peles". É composto de sua indiferenciada e de sua diferenciada superfície de sete camadas.

"O que é aquilo que foi, é e será, existindo um universo ou não; havendo deuses ou não?", pergunta o catecismo esotérico senzar. E a resposta é – o ESPAÇO.

Não é o Deus desconhecido e sempre presente na natureza, ou a natureza oculta que é rejeitado, mas o Deus do dogma humano e sua "Palavra" [ou Logos] *humanizada*. Em sua presunção infinita e orgulho e vaidade inerentes, o homem o moldou com sua mão sacrílega a partir do material que encontrou em seu próprio e pequeno tecido cerebral, e o impôs a humanidade como revelação direta do ESPAÇO único e não revelado. O ocultista aceita a revelação como vinda de seres divinos, ainda que finitos, vidas manifestadas, porém nunca de VIDA UNA não manifestada; daquelas entidades, chamadas homem primordial, os espíritos planetários de todas as nações, que se tornaram deuses para os homens. Considera também o poder criador supremo – a emanação direta da matéria-raiz, a raiz eterna do AQUILO, e o aspecto feminino da causa criadora em sua forma etérica da alma universal – filosoficamente como ilusão, causa da ilusão humana. Mas essa visão não o impede de acreditar em sua existência enquanto ela durar, a saber, por uma grande evolução, nem de empregar o éter, a radiação da matéria-raiz, para propósitos práticos, conectada assim como está a alma do mundo a todos os fenômenos naturais, conhecidos ou desconhecidos da ciência.

O Catecismo Oculto contém as seguintes perguntas e respostas:

O que é que sempre é? O espaço, o eterno auto-criado.

O que é que já foi? O germe na raiz.

O que é que está sempre vindo e indo? O grande alento.

Então, há três eternos? Não, os três são um. O que sempre é um, o que sempre foi um, o que sempre está sendo e se tornando também é um: e isto é o espaço.

Explica, ó discípulo. – O Um é um círculo ininterrupto (anel) sem circunferência, pois não está em lugar algum e está em toda parte; o Um é o plano sem limites do círculo que manifesta um diâmetro apenas durante os períodos evolutivos; o Um é o ponto indivisível não encontrado em parte alguma, embora percebido em toda parte durante esses períodos; é a vertical e a horizontal, o pai e a mãe, o ápice e a base do pai, as duas extremidades da mãe, que na realidade não chegam a lugar algum, pois o Um é o anel como também os anéis que estão dentro desse anel. É a luz na escuridão e a escuridão na luz: o "alento que é eterno". Expande e contrai (exalação e inalação). Quando se expande, a mãe se difunde e se dispersa; quando se contrai, a mãe recua e se recolhe. Isso produz os períodos de evolução e dissolução. O germe é invisível e ígneo; a raiz (o plano do círculo) é fresca; mas durante a evolução seu aspecto é frio e radiante. O alento quente é o pai que devora a prole do elemento multifacetado (heterogêneo); e

deixa os de face única (homogêneos). O alento frio
é a mãe, que concebe, forma, dá à luz, e os recebe
de volta em seu seio, para renová-los na aurora
(do dia do criador ou evolução).

Para uma compreensão mais clara por parte do leitor comum, é necessário afirmar que a ciência oculta reconhece *sete* elementos cósmicos – quatro inteiramente físicos e o quinto (éter) semimaterial, que se tornará visível no ar no final da nossa quarta ronda, para predominar sobre os outros durante toda a quinta ronda. Os dois elementos restantes ainda estão absolutamente além do alcance da percepção humana. Estes últimos, no entanto, aparecerão como são durante a sexta e a sétima raças desta ronda, e se tornarão conhecidos na sexta e sétima rondas, respectivamente. Esses sete elementos, com seus inúmeros subelementos (muito mais numerosos do que os conhecidos pela ciência), são simplesmente modificações *condicionais* e aspectos do um e único elemento. Este último não é o éter, nem mesmo *aether*, mas a fonte dos dois. O quinto elemento, agora livremente defendido pela ciência, não é o éter proposto por Isaac Newton – embora o chame por esse nome, provavelmente associando-o em sua mente ao *aether*, o "pai-mãe" da Antiguidade.

* * *

Antes de voltar às *Estâncias do Livro de Dzyan*, que formam a base da presente obra, é absolutamente necessário familiarizar-se com as poucas concepções fundamentais que sustentam e permeiam todo o sistema de pensamento ao qual sua atenção é convidada. Essas ideias básicas são poucas em número, e de sua clara apreensão depende a compreensão de tudo o que se segue; portanto, é desnecessário desculpar-se com o leitor por pedir-lhe que se familiarize primeiramente com elas, antes de continuar de fato a leitura da obra.

A doutrina secreta estabelece três proposições fundamentais:

(a) Um PRINCÍPIO onipresente, eterno, ilimitado e imutável sobre o qual toda especulação é impossível, pois transcende o poder da concepção humana e apenas poderia ser ofuscado por qualquer expressão ou semelhança humana. Está além do alcance do pensamento, por ser "impensável e inexprimível".

Para tornar essas ideias mais claras para o leitor comum, iniciemos pelo postulado que afirma haver uma realidade absoluta que antecede todo ser manifestado e condicionado. Essa causa infinita e eterna – vagamente formulada no "inconsciente" e "desconhecida" da filosofia europeia atual – é a raiz sem raiz de "tudo o que foi, é, ou sempre será". Sem dúvida, é desprovida de todos os atributos e, essencialmente, não tem qualquer relação com o ser manifestado e finito. É a "existencialidade" em vez de o ser, e está além de todo pensamento ou especulação.

Essa "existencialidade" é simbolizada na doutrina secreta sob dois aspectos. Por um lado, é o espaço abstrato absoluto, representando a subjetividade essencial, a única coisa que nenhuma mente humana pode excluir de qualquer concepção ou conceber por si mesma. Por outro, é o movimento abstrato absoluto representando a consciência incondicionada. Mesmo os pensadores ocidentais mostraram que a consciência é inconcebível para nós separada da mudança, e o movimento simboliza melhor a mudança, sua característica essencial. Este último aspecto da realidade única também é simbolizado pelo termo "o grande alento", um símbolo gráfico que prescinde de maior elucidação. Assim, então, o primeiro axioma fundamental da doutrina secreta é este um ABSOLUTO metafísico – EXISTENCIALIDADE simbolizado pela inteligência finita como a trindade teológica.

No entanto, com algumas explicações adicionais dadas aqui é possível ajudar o aluno.

A natureza da "causa primeira", que o ocultista deduz da "causa sem causa", o "eterno" e o "incognoscível", pode ser essencialmente a mesma da consciência que brota dentro de nós: em suma, a realidade impessoal que permeia o cosmos é o puro *númeno* do pensamento.

A realidade única, o Absoluto, é o campo da consciência absoluta, isto é, aquela essência à parte de qualquer relação com a existência condicionada e da qual a existência consciente é um símbolo condicionado. Mas, uma vez que transpomos em pensamento essa negação absoluta (para nós), a dualidade sobrevém em contraste com o espírito (ou consciência) e a matéria, o sujeito e o objeto.

Espírito (ou consciência) e matéria devem, entretanto, ser considerados, não como realidades independentes, mas como as duas facetas ou aspectos do Absoluto que constituem a base do ser condicionado, seja subjetivo ou objetivo.

Considerando essa tríade metafísica como a raiz da qual procede toda manifestação, o Grande Alento assume o caráter de ideação pré-cósmica. É a *fons et origo*[20] da força e de toda consciência

---

20 Termo latino que significa "fonte" ou "origem". (N.T.)

individual, e fornece a inteligência orientadora no vasto esquema da evolução cósmica. Por outro lado, a substância-raiz pré-cósmica é aquele aspecto do Absoluto subjacente a todos os planos objetivos da natureza.

Assim como a ideação pré-cósmica é a raiz de toda consciência individual, a substância pré-cósmica é o substrato da matéria nos variados graus de sua diferenciação.

Portanto, fica evidente que o contraste desses dois aspectos do Absoluto é essencial para a existência do "universo manifestado". À parte da substância cósmica, a ideação cósmica não poderia se manifestar como consciência individual, pois somente por intermédio de um veículo da matéria a consciência brota como "Eu sou Eu", sendo necessária uma base física para focalizar um raio da mente universal em certo estágio de complexidade. Novamente, à parte da ideação cósmica, a substância cósmica permaneceria uma abstração vazia, e o surgimento de consciência não poderia ocorrer.

O "universo manifestado", portanto, é permeado pela dualidade, que é, por assim dizer, a própria essência de sua existência como "manifestação". Mas, assim como os polos opostos de sujeito e objeto, espírito e matéria, são apenas aspectos da unidade em que são sintetizados, da mesma maneira, no universo manifestado há "aquilo" que liga o espírito à matéria, o sujeito ao objeto.

Esse algo, atualmente desconhecido para a especulação ocidental, é chamado pelos ocultistas de Turbilhão de Fogo. É a "ponte" pela qual as "ideias" existentes no "pensamento divino" são impressas na substância cósmica como as "leis da Natureza". O Turbilhão de Fogo é, portanto, a energia dinâmica da ideação cósmica; ou, visto do outro lado, é o meio inteligente, o poder orientador de toda manifestação, o "pensamento divino" transmitido e manifestado pelos arquitetos do mundo visível. Assim, do espírito, ou ideação cósmica, vem nossa consciência; da substância cósmica os diversos veículos nos quais essa consciência se individualiza e atinge a autoconsciência – ou consciência reflexiva; enquanto o Turbilhão de Fogo, em suas diversas manifestações, é o misterioso elo entre a mente e a matéria, o princípio animador que eletrifica cada átomo para a vida.

O resumo a seguir dará uma ideia mais clara para o leitor.

(1) O ABSOLUTO; a realidade una, a existencialidade, que é tanto o ser Absoluto e o não ser.

(2) A primeira manifestação, o impessoal e, na filosofia, o Logos *não manifestado*, precursor

do "*manifestado*". Esta é a "causa primordial", o "*inconsciente*" dos panteístas europeus.

(3) O espírito-matéria, VIDA; o "espírito do universo", ou o *segundo* Logos.

(4) A ideação cósmica, a GRANDE inteligência, a alma do mundo universal; o *númeno* cósmico da matéria, a base das operações inteligentes na e da natureza, também chamada de a grande alma espiritual.

A REALIDADE UNA; *seus* aspectos *duais* no universo condicionado.

Além disso, a doutrina secreta afirma:

(b) A eternidade do universo *in toto*[21] como um plano sem limites; periodicamente "o espaço de incontáveis universos que se manifestam e desaparecem incessantemente", chamados "as estrelas que se manifestam" e as "centelhas da eternidade". "A eternidade do peregrino" é como um piscar de olhos da autoexistência (*Estâncias de Dzyan*). "O aparecimento e o desaparecimento dos mundos é como uma maré regular de fluxo e refluxo."

Essa segunda afirmação da doutrina secreta é a universalidade absoluta daquela lei de periodicidade, de fluxo e refluxo, recuo e avanço, que a ciên-

---

21 Expressão latina que significa "totalmente". (N.T.)

cia física observou e registrou em todas as áreas da natureza. Uma alternância como dia e noite, vida e morte, dormir e despertar, fatos tão comuns, tão perfeitamente universais e sem exceção, sendo fácil compreender que neles há uma das leis absolutamente fundamentais do universo.

Mais adiante, a doutrina secreta ensina:

(c) A identidade fundamental de todas as almas com a superalma universal, que é um aspecto da raiz desconhecida; e a peregrinação obrigatória para cada alma – centelha da primeira – através do ciclo de encarnação (ou "necessidade") de acordo com a lei cíclica e cármica, durante todo o período. Em outras palavras, nenhuma alma divina, puramente espiritual, pode ter uma existência independente (consciente) antes que a centelha emanada da pura essência do sexto princípio universal – ou a SUPERALMA – tenha (*a*) passado por todas as formas elementares do mundo fenomenal dessa evolução, e (*b*) a individualidade adquirida, primeiro por impulso natural e depois por esforços autoinduzidos e autoconcebidos (controlados por seu karma), ascendendo assim através de todos os graus da inteligência, desde o plano mental mais baixo ao mais elevado, desde o mineral e vegetal, até o mais santo arcanjo. A doutrina central da filosofia esotérica não admite privilégios ou dons especiais no homem, exceto aqueles conquistados por seu próprio ego, por meio de esforço e mérito pessoal durante uma longa série de metempsicoses[22] e reencarnações. É por isso que os hindus dizem que o universo é Absoluto, pois o Absoluto está em cada átomo do universo, os seis princípios da natureza são todos o resultado – os aspectos heterogêneos diferenciados – do SÉTIMO e do UM [além dos sete], a realidade una do universo, seja [macro]cósmica ou microcósmica; e também porque as permutações (psíquicas, espirituais e físicas) do sexto, no plano da manifestação e da forma são vistas pela antífrase metafísica como ilusórias. Pois embora a raiz de cada átomo individualmente e de cada forma coletivamente seja esse sétimo princípio ou a realidade una, ainda assim, em sua aparência fenomênica e temporária manifestada, não passa de uma ilusão evanescente de nossos sentidos.

---

22 Movimento cíclico por meio do qual um mesmo espírito, após a morte do antigo corpo em que habitava, retorna à existência material, animando sucessivamente a estrutura física de vegetais, animais ou seres humanos; reencarnação. Fonte: *Dicionário eletrônico Houaiss da língua portuguesa*. (N.T.)

Em sua absolutilidade, o princípio único sob seus dois aspectos (de Absoluto e de matéria-raiz) é assexuado, incondicionado e eterno. Sua emanação periódica (evolucionária) – ou radiação primordial – é também única, andrógina e fenomenalmente finita. Quando a radiação, por sua vez, se propaga, todas as suas radiações também são andróginas, para se tornarem princípios masculinos e femininos em seus aspectos inferiores. Após a dissolução, seja a maior ou a menor (a última deixando o mundo em seu *status quo*), o primeiro a despertar para a vida ativa é o éter plástico, pai-mãe, o espírito e a alma do éter, ou o plano sobre a superfície do círculo. O espaço é chamado de "mãe" antes de sua atividade cósmica, e de pai-mãe no primeiro estágio do novo despertar.

Nesse estágio do novo despertar do universo, o simbolismo sagrado o representa como um círculo perfeito com um ponto (raiz) no centro. Esse sinal era universal.

Tais são as concepções básicas sobre as quais repousa a doutrina secreta. Uma vez que o leitor consiga compreendê-los claramente e perceber a luz que lançam sobre todos os problemas da vida, elas não precisarão de mais justificativas aos seus olhos, porque sua verdade será tão evidente quanto o Sol no céu.

* * *

Passo, portanto, ao assunto das Estâncias, cujo esboço acrescento na esperança de assim facilitar a tarefa do estudante, tornado acessível a ele, e em poucas palavras, a concepção geral a respeito do que foi explicado.

Livro I.[23] A história da evolução cósmica, conforme traçada nas Estâncias, é, por assim dizer, a fórmula algébrica abstrata dessa Evolução. Portanto, o estudante não deve esperar encontrar ali um relato de todos os estágios e transformações sucedidos entre os primórdios da evolução "universal" e o nosso estado atual. Dar tal explicação seria tão impossível quanto incompreensível para os homens que nem sequer podem compreender a natureza do plano de existência próximo àquele ao qual, no momento, sua consciência está limitada.

As estâncias, portanto, oferecem uma fórmula abstrata que pode ser aplicada *mutatis mutandis* a toda evolução; à da nossa pequena Terra, à da cadeia de planetas à qual pertence, à do universo solar da qual essa cadeia faz parte, e assim por

---

23   [No texto original está "Estância I".] (N.E)

diante, em escala ascendente, até a mente hesitar e ficar exausta pelo esforço.

As sete Estâncias apresentadas neste Livro[24] representam os sete termos dessa fórmula abstrata. Fazem referência aos sete grandes estágios do processo evolutivo mencionados nos Puranas como as "sete criações", e na Bíblia como os "dias" da criação, assim como os descrevem.

O leitor deve ter em mente que as referidas Estâncias tratam [mais particularmente] apenas da cosmogonia de nosso próprio sistema solar[25] e do que é visível ao seu redor, após uma dissolução solar. Os ensinamentos secretos referentes à evolução do cosmos universal não podem ser mostrados, pois não poderiam ser compreendidos pelas mentes mais elevadas desta era, e parece haver poucos iniciados, mesmo entre os mais graduados, a quem é permitido especular sobre o assunto. Além disso, os Mestres dizem abertamente que nem mesmo as mais altas Inteligências Espirituais jamais penetraram nos mistérios além das fronteiras que separam os milhares de sistemas solares do "Sol central",

---

24 [No texto original está "Volume".] (N.E.)
25 [No texto original está "planetário", pelo que se entende, no entanto, o sistema de planetas que giram em torno do Sol".] (N.E)

como é chamado. Portanto, o que é revelado refere-se apenas ao nosso cosmos visível, após uma "noite do criador".

A *Estância I*[26] descreve o estado UNO durante a dissolução, antes da primeira vibração da manifestação do novo despertar.

Um momento de reflexão mostra que tal estado só pode ser simbolizado; descrevê-lo é impossível. Nem pode ser simbolizado exceto por negativas; pois, uma vez que é o estado de absolutilidade *per se*, não pode possuir nenhum dos atributos específicos de que nos servimos para descrever objetos em termos positivos. Portanto, esse estado só pode ser sugerido pela qualidade negativa de todos os atributos mais abstratos que o homem pode sentir em vez de conceber, como os limites mais remotos atingíveis pelo seu poder de concepção.

O estágio descrito na *Estância II* é, para uma mente ocidental, quase idêntico ao mencionado na primeira Estância, e expressar a ideia de sua diferença exigiria um tratado em si. Portanto, deve-se deixar à intuição e às faculdades superiores do leitor assimilar, na medida do possível, o significado das frases alegóricas usadas. Na verdade,

---

26 [No texto original está "A Primeira Estância".] (N.E)

deve ser lembrado que todas essas Estâncias invocam as capacidades internas e não a compreensão comum do cérebro físico.

A *Estância III* descreve o novo despertar do universo para a vida após a dissolução. Retrata o surgimento das "mônadas" de seu estado de absorção dentro do UNO; o primeiro e mais elevado estágio na formação dos "mundos", sendo que o termo mônada pode ser aplicado tanto ao mais vasto sistema solar quanto ao menor átomo.

A *Estância IV* revela a diferenciação do "germe" do universo na hierarquia setenária dos poderes divinos conscientes, que são as manifestações ativas da energia una suprema. São os formuladores, os modeladores e, em última análise, os criadores de todo o universo manifestado, no único sentido em que o nome "criador" é inteligível; informam e orientam; eles são os seres inteligentes que ajustam e controlam a evolução, incorporando em si mesmos as manifestações da LEI UNA, que conhecemos como "a lei da natureza".

De modo geral, eles são conhecidos como as inteligências espirituais, embora cada um dos diversos grupos tenha sua própria designação na doutrina secreta.

Esse estágio de evolução é chamado de "criação" dos Deuses.

Na *Estância V* descreve-se o processo de formação do mundo – primeiro, a matéria cósmica difusa, depois o "turbilhão de fogo", o primeiro estágio na formação de uma nebulosa. Essa nebulosa se condensa e, depois de passar por várias transformações, forma um universo solar, uma cadeia planetária ou um único planeta, conforme o caso.

As etapas subsequentes na formação de um "mundo" são indicadas na *Estância VI*, que traz a evolução de tal mundo até seu quarto grande período [ronda], correspondente ao período em que estamos vivendo.

Com o quarto verso da *Estância VI* se encerra a parte das Estâncias que se refere à cosmogonia universal após a última grande dissolução, ou destruição universal, que, quando ocorre, varre do espaço todas as coisas diferenciadas, Deuses e átomos, como folhas secas. Desse verso em diante, as Estâncias estão preocupadas, de modo geral, apenas com o nosso sistema solar e com as cadeias planetárias contidas nele de forma subentendida, incluindo especialmente a história de nosso globo (o quarto) e sua cadeia.[27] Todas as Estâncias e versos que [daqui em diante]

---

27   [No texto original está: "(o quarto e sua cadeia)."] (N.E.)

seguem neste Livro I, referem-se apenas à nossa Terra e à sua evolução.

A *Estância VII* continua a história, traçando a descida da vida até o aparecimento do homem; e assim fecha o Primeiro Livro da *Doutrina Secreta*.

* * *

O leitor que não é teosofista fica mais uma vez convidado a considerar tudo o que se segue como um conto de fadas, se lhe agradar; ou, na melhor das hipóteses, como uma das especulações ainda não comprovadas de *sonhadores*; e, na pior, como uma conjectura adicional para muitas hipóteses científicas passadas, presentes e futuras, algumas ultrapassadas, outras ainda vigentes. Não sendo, em nenhum sentido, pior do que são muitas das chamadas teorias científicas; e, em todos os casos, sendo mais filosófica e provável.

As Estâncias de Dzyan

ESTÂNCIA I
A NOITE DO UNIVERSO

1. O pai-mãe eterno envolto em suas vestes sempre invisíveis descansou mais uma vez por sete eternidades.

   Pai-mãe: o espaço mãe.

   Vestes sempre invisíveis: a matéria-raiz.

   Sete eternidades: 311.040.000.000.000 anos.

2. O tempo não existia, pois dormia no seio infinito da duração.

   Seio infinito da duração: onde as duas eternidades do passado e do futuro se fundem em uma, o eterno presente.

3. A mente universal não existia, pois não havia seres celestiais para contê-la.

   Para conter: e, portanto, para manifestar-se.

4. Não existiam os sete caminhos para a bem-aventurança. Não existiam as grandes causas da miséria, pois não existia ninguém para produzi-las e ser iludido por elas.

Sete caminhos: entrar no fluxo, uma vez retornado, não retornar, arhat, seguido pelos três estágios superiores de arhat, dos quais o último é chamado de "o arhat da névoa de fogo". Ver o verso 46.

As grandes causas da miséria: que são doze – ignorância, atividades formativas, consciência, nome e forma, as seis regiões dos sentidos, contato, sensação, sede, apego, existência, nascimento, velhice e morte.[28]

5. Somente a escuridão preenchia o infinito, pois pai, mãe e filho eram mais uma vez um só, e o filho ainda não havia despertado para a nova roda e sua peregrinação sobre ela.

Pai, mãe e filho: espírito, substância, cosmos, tempo, espaço, movimento; mônada, ego, pessoa.

Roda: globo, cadeia planetária, sistema solar, cosmos.

6. Os sete senhores sublimes e as sete verdades haviam deixado de ser, e o Universo, filho da necessidade, foi imerso em bem-aventurança suprema, para ser soprado por aquilo que é e ainda não é. Nada existia.

Sete senhores sublimes: os sete espíritos criadores, os logos planetários.

---

28 [Ver *Cartas dos Mahatmas*, 59.] (N.E.)

Sete verdades: apenas quatro foram reveladas, uma para cada ronda.

Necessidade: lei da causalidade.

Bem-aventurança suprema: perfeição absoluta.

7. As causas da existência haviam sido eliminadas; o visível que era, e o invisível que é, repousavam no eterno não ser – o ser uno.

Causas da existência: idênticas às causas da miséria do verso 4.

8. Sozinha a única forma de existência se estendia sem limites, infinita, sem causa, num sono sem sonhos; e a vida pulsava inconsciente no espaço universal, por toda presença que é sentida pelo olho aberto da alma purificada.

Única forma de existência: base e fonte de todas as coisas.

Sono sem sonhos: existência sem imagem e sem forma.

Olho aberto: percepção espiritual interior do vidente.

Alma purificada: adepto de nível elevado.

9. Mas onde estava a alma purificada quando a alma universal do mundo existia na realidade absoluta e a grande roda não tinha pais?

Alma universal: superalma universal, alma-grupo cósmica.

ESTÂNCIA II
A IDEIA DE DIFERENCIAÇÃO

10. (1) Onde estavam os construtores, os filhos luminosos da aurora da evolução? Na escuridão desconhecida da sua suprema bem-aventurança celestial. Os construtores da forma a partir da não forma – a raiz do mundo – a mãe dos deuses e a substância-raiz descansavam na bem-aventurança do não ser.

    Construtores: arquitetos do sistema planetário.
    Mãe dos deuses: espaço cósmico.

11. (2) Onde estava o silêncio? Onde os ouvidos para senti-lo? Não, não havia silêncio nem som; nada exceto o alento eterno incessante, que não conhece a si mesmo.

    O alento eterno: movimento eterno.

12. (3) Ainda não havia soado a hora; o raio ainda não havia brilhado no germe; o lótus-mãe ainda não havia se transformado em botão.

    Germe: o ponto no ovo cósmico, representando a raiz da matéria.
    Lótus: símbolo do cosmos.

13. (4) Seu coração ainda não havia sido aberto para que o único raio entrasse, e daí caísse, como os três no quatro, no seio da ilusão.

    Três: pai, mãe, filho. Ver o verso 5.

14. (5) Os sete filhos ainda não tinham nascido da trama da luz. Somente a escuridão era o pai-mãe, a substância-raiz; e a substância-raiz estava na escuridão.

Os sete: os sete filhos, os criadores da cadeia planetária.

Substância-raiz: aquilo que preenche o universo, a raiz de todas as coisas.

15. (6) Esses dois são o germe, e o germe é um. O universo ainda estava oculto no pensamento divino e no seio divino.

ESTÂNCIA III
O DESPERTAR DO COSMOS

16. (1) A última vibração da sétima eternidade vibra pela infinitude. A mãe intumesce, expandindo-se de dentro para fora, como o botão do lótus.

Mãe: águas do espaço.

17. (2) A vibração se dispersa por todos os lugares, tocando com sua asa veloz todo o universo e o germe que habitava na escuridão, a escuridão que respira sobre as águas adormecidas da vida.

Asa veloz: simultaneamente por todos os lugares.

Respira: que se move.

Águas da vida: caos, simbolizando o princípio feminino.

18. (3) A escuridão irradia luz, e a luz lança um raio solitário nas águas, nas profundezas maternas. O raio atravessa o ovo-virgem, o raio faz o ovo eterno vibrar e soltar o germe não eterno, que se condensa no ovo-mundo.

Raio solitário: pensamento divino.

Ovo-virgem: ovulação abstrata, existência potencial.

Não eterno: periódico.

Ovo-mundo: existência concreta, real.

19. (4) Então os três caem nos quatro. A essência radiante torna-se sete por dentro, sete por fora. O ovo luminoso, que em si é triplo, coagula e se espalha em coágulos brancos como o leite pelas profundezas da mãe, a raiz que cresce nas profundezas do oceano da vida.

Coágulos brancos como o leite: a Via Láctea.

20. (5) A raiz permanece, a luz permanece, os coágulos permanecem, e o pai-mãe dos deuses é ainda um só.

Pai-mãe dos deuses: os seis em um, a raiz setenária da qual tudo procede.

21. (6) A raiz da vida estava em cada gota do oceano da imortalidade, e o oceano era a luz radiante, que era fogo, calor e movimento. A escuridão desapareceu e não existia mais; desapareceu

em sua própria essência, o corpo de fogo e água, do pai e da mãe.

Fogo, calor, movimento: a alma ou essência do fogo físico, calor, movimento.

Fogo-água, pai-mãe: raio divino e caos, espírito e matéria.

22. (7) Observa, ó discípulo, o filho radiante dos dois, a glória refulgente incomparável, o espaço luminoso; filho do espaço escuro, que emerge das profundezas das grandes águas escuras. É o pai-mãe dos deuses, o mais jovem, o***. Brilhante como o Sol; é o chamejante dragão divino da sabedoria; o um é quatro, e quatro toma para si três, e a união produz o sete, na qual estão os sete que se tornam os trinta, as hostes e as multidões. Observa-o levantando o véu e estendendo-o de leste a oeste. Ele encerra o que está acima e deixa o que está abaixo para ser visto como a grande ilusão. Marca os lugares para os resplandecentes, e transforma a parte de cima num mar de fogo sem margens, e o um manifestado nas grandes águas.

O mais jovem: a nova vida.

O ***: o Logos. Ver o verso 40.

O um: o dragão da sabedoria.

Resplandecentes: estrelas.

O de cima: espaço.

Manifestado: elemento.

23. (8) Onde estava o germe, e onde estava agora a escuridão? Onde está o espírito da chama que arde em tua lâmpada, ó discípulo? O germe é Aquilo, e Aquilo é luz, o filho branco brilhante do pai escuro e oculto.

Aquilo: o princípio não revelado, a divindade abstrata.

24. (9) A luz é a chama fria, e a chama é o fogo, e o fogo cria o calor, que cria a água – a água da vida na grande mãe.

Luz: essência de nossos ancestrais divinos.

Chama fria: alma das coisas, nem quente nem fria.

Fogo: criador, preservador, destruidor.

Grande mãe: caos.

25. (10) O pai-mãe tece uma teia, cuja extremidade superior está presa ao espírito, a luz da escuridão una, e à sua sombria extremidade inferior, a matéria; e essa teia é o universo, tecido das duas substâncias feitas em uma, que é a substância-raiz.

26. (11) Expande-se quando é tocado pelo alento do fogo; contrai-se quando é tocado pelo alento da mãe. Então, os filhos dissociam-se e dispersam-se para voltar ao seio da mãe, no final do "grande dia", e tornam-se um com ela; quando arrefecido, torna-se radiante.

Seus filhos expandem-se e contraem-se por meio de seus próprios egos e corações; abraçam o infinito.

Ela: a teia.

Alento de fogo: o pai.

Mãe: matéria-raiz.

Filhos: elementos com seus poderes ou inteligências.

27. (12) Então a substância-raiz envia seu turbilhão de fogo para consolidar os átomos. Cada um é parte da teia. Refletindo o "senhor autoexistente" como um espelho, cada um se torna, por sua vez, um mundo.

Turbilhão de fogo: eletricidade cósmica.

Consolidar: infundir energia.

Cada um: átomo.

Teia: universo.

Senhor autoexistente: luz primordial.

ESTÂNCIA IV
AS HIERARQUIAS SETENÁRIAS

28. (1) Ouvi, ó filhos da terra, os vossos instrutores – os filhos do fogo. Aprendei que não há primeiro nem último; pois todos são um: número surgido do não número.

Filhos do fogo: filhos da mente, do fogo invisível e sem forma.

Todos são um, etc.: outra interpretação seria "tudo é um número, surgido do não número".

29. (2) Aprendei o que nós, que descendemos dos sete primordiais, nós, que nascemos da chama primordial, aprendemos com os nossos pais.

Sete primordiais: o raio direto e a emanação do um eternamente autoexistente.

Nós: os seres mais elevados na escala da existência.

30. (3) Do esplendor da luz – o raio das trevas eternas – surgiram no espaço as energias de novo despertadas; o um do ovo, os seis e os cinco. Então os três, o um, os quatro, o um, os cinco – o duas vezes sete, a soma total. Estas são as essências, as chamas, os elementos, os construtores, os números, os sem forma, as formas e a força ou homem divino – a soma total. E do homem divino emanaram as formas, as centelhas, os animais sagrados e os mensageiros dos pais sagrados dentro dos quatro santos.

O um do ovo, etc.: 1065

Os três, o um, etc.: 3,1415π.

31. (4) Este foi o exército da voz – a mãe divina dos sete. As centelhas dos sete estão sujeitas e são

servas do primeiro, do segundo, do terceiro, do quarto, do quinto, do sexto e do sétimo dos sete. Estas são chamadas de esferas, triângulos, cubos, linhas e modeladores; pois assim encontra-se a causa eterna da existência – o pai dos deuses, que é:

Estas: centelhas.

Causa da existência: ver os versos 4 e 7.

Pai dos deuses: substituição do pai-mãe dos deuses.

32. (5) "A escuridão", o ilimitado, ou o não número, causa primordial da existência, substância-raiz, o círculo ilimitado:

I. O ancião primordial, o número, pois ele é um.

II. A voz da palavra, a substância-raiz, os números, pois ele é um e nove.

III. O "quadrado sem forma".

E esses três, encerrados dentro do círculo ilimitado, são os quatro sagrados; e os dez são o universo sem forma. Então vêm os "filhos", os sete lutadores, o um, o oitavo deixado de fora, e seu alento que é o criador da luz.

Não número: ver verso 28.

Círculo sem limites: zero, x, quantidade desconhecida.

Um e nove: que fazem dez, o número perfeito.

Sete lutadores: planetas.

O oito deixado de fora: rejeitado, o Sol do nosso sistema solar.

Criador da luz: porque os planetas em sua origem eram todos cometas e sóis.

33. (6) Depois, sete, os segundos, que são os registradores, foram produzidos pelos três. O filho rejeitado é um. Os "sóis-filhos" são incontáveis.

Registradores: seres divinos ligados ao karma, que registram tudo no livro da vida.

Três: palavra, voz e espírito.

ESTÂNCIA V
FOHAT, O FILHO DAS HIERARQUIAS SETENÁRIAS

34. (1) Os sete primordiais, os primeiros sete alentos do dragão da sabedoria, produzem por sua vez, de seus sagrados sopros em circunvoluções, o turbilhão de fogo.

35. (2) Fazem dele o mensageiro de sua vontade. A sabedoria coletiva torna-se o turbilhão de fogo: o filho veloz dos filhos divinos, cujos filhos são os registradores, emite mensagens circulares. O turbilhão de fogo é o corcel, e o pensamento o cavaleiro. Passa como um relâmpago através das nuvens de fogo; passa

três, e cinco, e sete vezes pelas sete regiões acima, e as sete abaixo. Eleva a voz, chama as inúmeras centelhas e as reúne.

Eles: os sete primordiais.

Dele: turbilhão de fogo.

Sabedoria coletiva: conhecimento real, oculto, mágico.

O pensamento: da sabedoria coletiva guia o turbilhão de fogo.

Nuvens de fogo: névoas cósmicas.

Sete de baixo: os mundos que existirão.

Centelhas: átomos, mônadas.

36. (3) Ele é seu espírito orientador e líder. Quando começa o trabalho, separa as centelhas do reino inferior, que flutuam e vibram de alegria em suas moradas radiantes, e com elas forma os germes das rodas. Ele as coloca nas seis direções do espaço, e uma no meio – a roda central.

Reino inferior: de átomos minerais.

Moradas radiantes: nuvens gasosas.

Seis direções: leste, oeste, norte, sul, zênite, nadir; o duplo triângulo de espírito e matéria.

37. (4) O turbilhão de fogo traça linhas espirais para unir o sexto ao sétimo – a coroa. Um exército dos filhos da luz está em cada ângulo; os registradores no centro da roda. Eles dizem: "isto é bom". O primeiro mundo divino está pronto, o primeiro agora é o segundo. Então a

"não forma divina" se reflete no mundo das sombras, a primeira vestimenta dos autocriados.

O turbilhão de fogo: em sua capacidade de amor divino.

Sexto: ou segundo princípio, inteligência.

Sétimo: ou primeiro princípio, espírito.

Eles: os registradores.

O primeiro, o segundo: o primeiro (espírito) é agora o segundo ou mundo das sombras, seu veículo.

Autocriados: mônada.

38. (5) O turbilhão de fogo dá cinco passadas e constrói uma roda alada em cada canto do quadrado, para os quatro santos e seus exércitos.

Cinco passadas: os princípios cósmico e humano, abaixo do sexto e do sétimo.

Quatro santos: regentes do norte, do sul, do leste, e do oeste conectados com o karma.

39. (6) Os registradores circunscrevem o triângulo, o primeiro, o cubo, o segundo e o pentagrama dentro do ovo. É o anel chamado "não passe" por aqueles que descem e sobem; aqueles que durante a idade estão progredindo em direção ao grande dia "estão conosco". Assim foram formados o sem forma e as formas: de uma luz, sete luzes; de cada uma das sete, sete vezes sete luzes. As rodas observam o anel.

Triângulo, o primeiro, etc.: 3,1415.

Ovo: círculo.

Não passe: barreira intransponível entre o ego pessoal e o impessoal.

Aqueles que descem, etc.: as mônadas que estão encarnando.

Estão conosco: una conosco, a vida una.

Rodas: regentes das rodas. Ver o verso 38.

Anel: globo, ronda, corrente.

ESTÂNCIA VI
NOSSO MUNDO, SEU CRESCIMENTO E DESENVOLVIMENTO

40. (1) Pelo poder da mãe da misericórdia e do conhecimento, a tríade logos residente no céu melodioso do som – o turbilhão de fogo, o sopro de sua progênie, o alento dos filhos, tendo chamado, do abismo inferior, a forma ilusória do nosso universo e os sete elementos:

Mãe da misericórdia e do conhecimento: voz divina, poder criador, energia do logos.

Logos: Ver o verso 22.

Tríade: mãe, esposa e filha.

Sua progênie: do triplo.

Abismo: caos.

41. (2) O Um veloz e radiante produz os sete centros zero, contra os quais nada prevalecerá

até o grande dia "esteja conosco"; e assenta o universo nesses alicerces eternos que cercam nosso universo com os germes elementares.

O Um veloz e radiante: turbilhão de fogo, "construtor dos construtores".

Germes elementares: átomos, mônadas.

42. (3) Dos sete – primeiro um manifestado, seis ocultos; dois manifestados, cinco ocultos; três manifestados, quatro ocultos; quatro produzidos, três ocultos; quatro e uma fração reveladas, duas e meia ocultas; seis a serem manifestados, um posto de lado. Por último, sete pequenas rodas giratórias; uma nascendo da outra.

Sete: elementos.

Sete pequenas rodas: nossa cadeia planetária ou anel.

43. (4) Ele os constrói à semelhança de rodas antigas, colocando-as nos centros imperecíveis. Como o turbilhão de fogo as constrói? Recolhe a poeira de fogo. Faz bolas de fogo, passa através delas e as circunda, infundindo-lhes vida, então as coloca em movimento; algumas de um jeito, outras de outro. Elas estão frias, ele as esquenta. Elas estão secas, ele as umedece. Elas brilham, ele as ventila e as esfria. Assim atua o turbilhão de fogo de um crepúsculo ao outro, durante sete eternidades.

Rodas mais antigas: em evoluções anteriores.

Centro imperecível: ponto zero; uma condição, não um ponto matemático.

[Ver Prólogo, p. 65.]

44. (5) Na quarta, os filhos são instruídos a criar suas imagens, um terço se recusa. Dois obedecem.

Quarta: ronda

Imagens: espécies à sua semelhança, depois de sua espécie.

Dois: terços.

A maldição é pronunciada. Nascerão na quarta, sofrerão e causarão sofrimento; esta é a primeira guerra.

Maldição: retribuição cármica.

Quarta: raça.

45. (6) As rodas mais antigas giravam para baixo e para cima. A progênie da mãe encheu o todo. Houve batalhas travadas entre os criadores e os destruidores, e batalhas travadas pela disputa do espaço; a semente aparecia e reaparecia continuamente.

Rodas mais antigas: em rondas anteriores.

O todo: cosmos.

Semente: partícula espiritual, organismo etéreo, ser celestial.

46. (7) Calcula, ó discípulo, se quiseres saber a idade correta de tua pequena roda. O quarto raio da roda é nossa mãe. Alcança o quarto fruto

do quarto caminho do conhecimento que leva à
bem-aventurança, e compreenderás, pois verás.

Roda pequena: cadeia planetária.

Mãe: Terra.

Quarto caminho: arhat. Ver o verso 4.

ESTÂNCIA VII
OS PAIS DO HOMEM NA TERRA

47. (1) Contempla o início da vida senciente sem
forma. Primeiro o divino, o Um a partir do
espírito-mãe; então, o espiritual; os três a partir
do Um, os quatro do Um, e os cinco, dos quais
vieram os três, os cinco e os sete. Estes são os
tríplices e os quádruplos para baixo: os filhos
nascidos da mente do primeiro senhor; os sete
brilhantes. Eles são tu, eu, ele, ó discípulo, eles,
que cuidam de ti e da tua mãe, a Terra.

Divino: veículo.

Espírito-mãe: ego.

Espiritual: autointeligência, espírito-alma.

Três a partir do um, etc.: 3,1415.

Três, quatro, cinco: doze hierarquias.

48. (2) Um raio multiplica os raios menores. A vida
precede a forma, e a vida sobrevive ao último
átomo. Através dos incontáveis raios procede o

raio-vida, o único, como um fio através das muitas contas de um colar.

Último átomo: da forma, do corpo externo.

49. (3) Quando o Um se torna dois, o "tríplice" aparece, e os três são um; e é nosso fio, ó discípulo, o coração da planta-homem chamada "sete folhas".

Sete folhas: sete princípios.

50. (4) É a raiz que nunca morre, a chama de três línguas dos quatro pavios. Os pavios são as fagulhas, que extraem da chama de três línguas acesa pelos sete – sua chama – os raios e centelhas de uma lua refletida nas ondas correntes de todos os rios da Terra.

Chama de três línguas: tríade superior de princípios, espírito-inteligência-mente.

Quatro pavios: quatro princípios inferiores: corpo-duplo-vida-desejo.

51. (5) A centelha pende da chama pelo fio mais fino do turbilhão de fogo. Viaja pelos sete mundos da ilusão. Permanece no primeiro, e é um metal e uma pedra; passa para o segundo, e eis – uma planta; a planta passa por sete mudanças e se torna um animal sagrado.

Dos atributos combinados desses componentes, o homem, o pensador, é formado. Quem o forma? As sete vidas e a vida una. Quem o completa? Os espíritos quíntuplos. E quem aperfeiçoa o último corpo? Peixe, pecado e lua.

Chama: espírito-inteligência [*Cartas dos Mestres*, 174].

Centelha: mente, seu aroma.

Sete mundos: sete globos da cadeia planetária.

Primeiro: reino.

Animal sagrado: primeira sombra do homem físico.

Peixe, pecado, lua: símbolos do ser imortal.

52. (6) Desde o primogênito, o fio entre o observador silencioso e sua sombra torna-se mais forte e radiante a cada mudança. A luz do sol da manhã se transformou na glória do meio-dia.

Primogênito: primitivo, primeiro homem.

Observador silencioso: mônada

Sombra: encarnação.

Mudança: nascimento e morte.

53. (7) "Esta é a tua roda atual", disse a chama para a centelha. "Tu és mesmo, minha imagem e minha sombra. Vesti-me de ti, e tu és meu veículo até o dia em que 'estarás conosco', quando voltares a ser eu e os outros, tu mesmo e eu." Então, os construtores, tendo colocado suas primeiras roupas, descem sobre a Terra radiante e reinam sobre os homens – que são eles mesmos.

Construtores: observadores, os eleitos, os pioneiros.

Em Resumo

"A história da criação e deste mundo desde a sua origem até o presente é composta de *sete capítulos*. O *sétimo* capítulo ainda não foi escrito."

T. SUBBA ROW, *The Theosophist*, 1881

O primeiro desses sete capítulos foi tratado e agora está terminado. Por mais incompleta e frágil que seja uma exposição, é, de qualquer forma, uma aproximação – empregando a palavra no sentido matemático – daquilo que é a base mais antiga para todas as cosmogonias subsequentes. A tentativa de apresentar numa língua europeia o grande panorama da lei sempre recorrente – gravada nas mentes maleáveis das primeiras raças dotadas de consciência por aqueles que refletiram o mesmo da mente universal – é ousada, pois nenhuma língua humana, exceto o sânscrito – que é língua dos deuses – pode fazê-lo com qualquer grau de adequação. Portanto, as falhas deste trabalho devem ser perdoadas em razão de seu propósito.

Devido às dificuldades intrínsecas dos assuntos tratados, e às limitações quase intransponíveis da língua inglesa (como de todas as outras línguas europeias) para expressar certas ideias, é muito provável que a autora tenha deixado de apresentar as explicações da forma melhor e mais clara; no entanto, fez-se tudo o que se podia fazer sob as circunstâncias mais adversas, e isso é o máximo que se pode esperar de qualquer escritor.

* * *

Em virtude da vastidão dos assuntos expostos, vamos recapitular e mostrar como é difícil, senão impossível, abordá-los com plena justiça.

(1) A doutrina secreta é a sabedoria acumulada das eras, e sua cosmogonia por si só é o sistema mais estupendo e bem elaborado. Entretanto, tal é o misterioso poder do simbolismo oculto que os fatos que, realmente, ocuparam incontáveis gerações de videntes iniciados e profetas a fim de organizá-los, registrá-los e explicá-los, nas surpreendentes séries do progresso evolutivo, estão todos registrados em algumas páginas de sinais geométricos e glifos. O brilhante olhar desses videntes penetrou no próprio cerne da matéria e registrou a alma

do que há ali, onde um profano comum, por mais instruído que fosse, teria percebido apenas a atividade externa da forma. Contudo, a ciência moderna não acredita na "alma das coisas"[29] e, portanto, rejeitará todo o sistema da antiga cosmogonia. É inútil dizer que o sistema em questão não é resultado da fantasia de um ou vários indivíduos isolados. Que é o registro ininterrupto abrangendo milhares de gerações de videntes, cujas experiências foram feitas para testar e verificar as tradições transmitidas oralmente de uma raça primitiva a outra, e dos ensinamentos de seres mais elevados e exaltados que zelaram pela infância da humanidade. Que por longas eras, os "sábios" da quinta raça, das linhagens salvas e resgatadas do último cataclismo e deslocamento dos continentes, passaram suas vidas *aprendendo, não ensinando*. Como o fizeram? A resposta é: conferindo, testando e verificando em cada área da natureza as antigas tradições pelas visões independentes de grandes adeptos; isto é, homens que desenvolveram e aperfeiçoaram seus órgãos físicos, mentais, psíquicos e

---

29 *A luz da Ásia*, Livro VIII; ver também *Cartas dos Mahatmas*, 116.

espirituais ao máximo grau possível. A visão de nenhum adepto foi aceita até ter sido verificada e confirmada pelas visões – obtidas para comprovarem as evidências independentes – de outros adeptos, e por séculos de experiências.[30]

(2) A Lei fundamental desse sistema, o ponto central de onde tudo emergiu, em torno do qual e para o qual tudo gravita, e sobre o qual está baseada a filosofia do repouso, é o divino e homogêneo PRINCÍPIO-SUBSTÂNCIA, a causa radical única.

> "Alguns poucos, cujas lâmpadas brilhavam mais, foram levados
> De causa em causa até o soberano secreto da natureza,
> E descobriram que deve haver um princípio primeiro..."

Assim chamado "princípio-substância", pois torna-se "substância" no plano do universo manifestado, uma ilusão, enquanto permanece como "princípio" no ESPAÇO abstrato sem começo e sem fim, visível e invisível. É a realidade onipresente: impessoal, porque contém tudo e todos. *Sua*

---

30 [Compare-se: Ísis *sem Véu*, II, 99; *A Chave para a Teosofia*, 86-7; *Cartas dos Mahatmas* 51.] (N.E.)

impersonalidade é a concepção fundamental do sistema. Continua latente em cada átomo do universo, e é o próprio universo.

(3) O universo é a manifestação periódica dessa essência absoluta desconhecida. Chamá-la de "essência", no entanto, é pecar contra o próprio espírito da filosofia. Pois embora o substantivo possa ser derivado, nesse caso, do verbo *esse* "ser", ainda assim ELA não pode ser identificada com um *ser* de qualquer natureza, capaz de ser concebido pelo intelecto humano. ELA é melhor descrita como não sendo espírito nem matéria, e sim ambos. Na realidade, "o Absoluto e a matéria-raiz" são um, apesar de serem dois na concepção universal do manifestado, mesmo na concepção do Logos Único, sua primeira manifestação, à qual parece, da perspectiva objetiva do Logos Único, como matéria-raiz, e não como o Absoluto, como seu véu, e não a REALIDADE única escondida por trás, que é incondicionada e absoluta.

(4) O universo é chamado, com tudo que contém, de MAYA, porque tudo nele é efêmero, desde a vida passageira de um vaga-lume até a do Sol. Comparado com a eterna imutabilidade do UM e a permanência desse princípio, o universo, com suas formas efêmeras em constante

mudança, deve ser necessariamente, na mente do filósofo, nada além do que um fogo-fátuo. No entanto, o universo é real o suficiente para os seres conscientes que o habitam, tão irreais quanto ele.

(5) Tudo no universo, em todos os seus reinos, é CONSCIENTE: isto é, dotado de uma consciência de sua própria espécie e de seu plano de percepção. Nós, os humanos, devemos lembrar que por não percebermos nenhum sinal – reconhecível por nós – de consciência, digamos, nas pedras, não temos o direito de afirmar que *nelas não há consciência*. Não existe matéria "morta" ou "cega", assim como não existe lei "cega" ou "inconsciente". Essas proposições não encontram lugar entre as concepções da filosofia oculta. Esta nunca se detém nas aparências superficiais, e para ela as essências numênicas têm mais realidade do que suas contrapartes objetivas; assemelha-se nisso aos *nominalistas* medievais, para quem as realidades existiam somente no universo, e o particular existia apenas no nome e na fantasia humana.

(6) O universo [manifestado] é trabalhado e *guiado* de *dentro para fora*. Em cima é como embaixo, tanto é no céu como na Terra; e o homem – microcosmo e retrato em miniatura

do macrocosmo – é a testemunha viva dessa lei universal e de sua ação. Estamos convencidos de que todo movimento *externo*, ato, gesto, seja voluntário ou mecânico, orgânico ou mental, é produzido e precedido pelo sentimento *interno* ou emoção, vontade ou volição, pensamento ou mente. Assim como nenhum movimento ou mudança externa, quando normal, pode ocorrer no corpo externo do homem a menos que seja provocado por um impulso interno propagado por uma das três funções mencionadas, também ocorre o mesmo com o universo externo ou manifestado.

Todo o cosmos é guiado, controlado e animado por uma série quase infinita de hierarquias de seres sencientes, cada qual com uma missão a cumprir, e que – independentemente do nome, quer os chamemos de inteligências espirituais ou anjos – são "mensageiros" no sentido de serem apenas agentes das leis cármicas e cósmicas. Diferenciam-se infinitamente nos respectivos graus de consciência e inteligência; e chamá-los todos de espíritos puros, sem nenhuma qualidade terrena "que o tempo costuma atacar" corresponde a ceder à fantasia poética. Pois cada um desses seres *foi*, ou prepara-se para tornar-se um homem, se não no presente, então num ciclo (evolutivo) passado ou vindouro. São homens *aperfeiçoados*, quando não *incipientes*; e diferem moralmente dos seres humanos terrestres em suas esferas superiores (menos materiais), apenas por serem desprovidos do sentimento da personalidade e da natureza emocional *humana* – duas características puramente terrenas. Os primeiros, ou os "aperfeiçoados", tornaram-se livres desses sentimentos, porque (*a*) não têm mais corpos físicos – um peso constante sobre a alma; e (*b*) estando o puro elemento espiritual descomprometido e mais livre, são menos influenciados por *maya* do que o homem jamais poderia ser, a menos que seja um adepto, que mantém suas duas personalidades – a espiritual e a física – inteiramente separadas. As mônadas incipientes, que ainda não tiveram corpos terrestres, não podem ter senso de personalidade ou EGOÍSMO.

Aquilo que se entende por "personalidade", sendo uma limitação e uma relação, ou, como definido por Coleridge, "uma individualidade existente em si mesma, entretanto, apresentando uma natureza como fundamento", o termo não pode, é claro, ser aplicado a entidades não humanas; porém, como fato sustentado por gerações de videntes, nenhum desses seres, superiores ou inferiores, tem individualidade ou personalidade como entidades separadas, ou seja, não têm individualidade no sentido em que o homem normalmente diz, "*Eu sou eu mesmo* e ninguém mais"; em outras palavras, estão conscientes de não haver uma separação tão distinta quanto há entre os homens e as coisas na Terra. A individualidade é a característica de suas respectivas hierarquias, e não de suas unidades; e essas características variam apenas com o grau do plano a que pertencem essas hierarquias: quanto mais próximo da região da homogeneidade e do Divino Um, mais pura e menos acentuada essa individualidade na hierarquia. São finitos, em todos os aspectos, exceto em seus princípios superiores – as centelhas imortais refletoras da chama divina universal – individualizados e separados apenas nas esferas da ilusão por uma diferenciação tão ilusória quanto o repouso.

São "seres viventes" porque são as correntes projetadas na cena cósmica da ilusão da VIDA ABSOLUTA; seres nos quais a vida não pode se extinguir antes que o fogo da ignorância seja extinto naqueles que têm consciência dessas "vidas". Tendo surgido sob a influência vivificante do raio incriado, o reflexo do grande Sol central que irradia nas margens do rio da vida, é o princípio interno que neles pertence às águas da imortalidade, enquanto sua roupagem diferenciada é tão perecível quanto o corpo do homem. Portanto, Young estava certo ao dizer que: "Os anjos são homens de uma espécie superior", e nada mais. Não são anjos "instrutores" nem "protetores"; nem "anunciadores do Altíssimo", menos ainda "mensageiros da ira" de qualquer Deus, como concebido pela imaginação humana. Apelar para sua proteção é tão tolo quanto acreditar que sua compaixão pode ser conquistada por qualquer tipo de oferendas; pois eles são, tanto quanto o próprio homem, escravos e criaturas da imutável lei cármica e cósmica. A razão para isso é evidente. Não tendo os elementos da personalidade em sua essência, não podem ter qualidades pessoais, como as atribuídas pelos homens, em suas religiões exotéricas, ao seu Deus antropomórfico – um Deus ciumento e inflexível, que se alegra e se irrita, se compraz com o sacrifício e é mais despótico em sua vaidade do que qualquer tolo mortal.

O homem, como mostra o Livro II, sendo um composto das essências de todas essas hierarquias celestiais, pode, como tal e em certo sentido, tornar-se superior a qualquer hierarquia ou classe, ou mesmo a uma combinação delas. "O homem não pode propiciar nem comandar os *devas*", é sabido. Mas, ao dominar sua personalidade inferior e, assim, chegar ao pleno conhecimento da *inseparatividade* de seu EGO superior do único EGO absoluto, o homem pode, mesmo durante sua vida terrestre, tornar-se "um de Nós". Ao nutrir-se do fruto do conhecimento que dissipa a ignorância, o homem se iguala às inteligências espirituais; e uma vez em *seu* plano, o espírito de solidariedade e harmonia perfeita que reina em cada hierarquia deve estender-se sobre ele e protegê-lo em cada momento.

A principal dificuldade que impede os cientistas de acreditar no divino e nos espíritos da natureza é o seu materialismo. A principal barreira diante do espírita que o impede de acreditar no mesmo, preservando uma crença irrestrita nos "espíritos" dos falecidos, é a ignorância geral de todos, exceto de alguns ocultistas e cabalistas, sobre a verdadeira essência e natureza da matéria. É na aceitação ou rejeição da teoria *da unidade de tudo que há na natureza, em sua essência última*, que repousa principalmente a crença ou a descrença na existência ao nosso redor de outros seres conscientes, além dos espíritos dos mortos. É da compreensão correta da evolução primordial do espírito-matéria e de sua real essência que o estudante deve depender para a posterior elucidação em sua mente da cosmogonia oculta e da única pista segura que pode guiá-lo em seus estudos subsequentes.

De fato, como se acaba de mostrar, cada um dos chamados "Espíritos" é um *homem desencarnado ou futuro homem*. Desde o arcanjo mais elevado até o último "construtor" consciente (a classe inferior de entidades espirituais), todos são homens que viveram em eras longínquas, em outras evoluções, nesta ou em outras esferas; assim os elementais inferiores, semi-inteligentes e não inteligentes – são todos *futuros* homens. Esse fato por si só – de que um espírito é dotado de inteligência – comprova para o ocultista que esse ser deve ter sido um *homem*, e que adquiriu seu conhecimento e inteligência ao longo do ciclo humano.

Há apenas uma onisciência e inteligência indivisível e absoluta no universo, vibrando em cada átomo e até no ponto infinitesimal de todo o cosmos infinito que não tem limites, e que as pessoas chamam de ESPAÇO, considerado independentemente de qualquer coisa nele contida. Contudo, a primeira diferenciação de seu *reflexo* no mundo manifestado é puramente espiritual, e os seres nele gerados não são dotados de uma consciência que tenha qualquer relação com aquela concebida por nós. Esses seres não podem ter consciência ou inteligência humana antes de as adquirir, pessoal e individualmente. Isso pode ser um mistério, entretanto, é um fato para a filosofia esotérica, e uma grande evidência também.

Toda a ordem da natureza manifesta uma marcha progressiva para *uma vida mais elevada*. Há um desígnio na ação das forças aparentemente ocultas. Todo o processo de evolução com suas infinitas adaptações é uma prova disso. As leis imutáveis que eliminam as espécies fracas e débeis, para dar espaço às mais fortes, e garantem a "sobrevivência do mais apto", embora tão cruéis em sua ação imediata – todas estão trabalhando para o grande fim. O simples *fato* da *ocorrência* dessas adaptações, de que os mais aptos sobrevivem na luta pela existência, revela que a chamada "natureza inconsciente"[31] é, na realidade, um agregado de forças manipuladas por seres semi-inteligentes (elementais) guiados por altos espíritos planetários, cujo agregado coletivo forma o *verbum* manifes-

---

31 A natureza tomada em seu sentido abstrato não pode ser "inconsciente", pois é a emanação e, portanto, um aspecto (no plano manifestado) da consciência ABSOLUTA. Onde está aquele homem ousado que presumiria negar às plantas e mesmo aos minerais uma consciência própria? Tudo o que se poderia dizer é que essa consciência está além de sua compreensão.

tado do LOGOS imanifestado, e constitui ao mesmo tempo a MENTE do universo e sua LEI imutável.

Três representações distintas do universo em seus três aspectos distintos são gravadas em nosso pensamento pela filosofia esotérica: a PRE-EXISTENTE (derivada da) SEMPRE EXISTENTE; e a FENOMENAL – o mundo da ilusão, o reflexo e a sua sombra. Durante o grande mistério e drama da vida conhecido como evolução, o cosmos real é como um objeto colocado atrás da tela branca sobre a qual são projetadas as sombras chinesas, evocadas pela lanterna mágica. As figuras e coisas reais permanecem invisíveis, enquanto os fios da evolução são manejados por mãos invisíveis; e os homens e as coisas são assim apenas os reflexos, no campo branco, das realidades por *trás* das armadilhas da grande ilusão. Esses três universos foram alegorizados, nos ensinamentos exotéricos, pelas três trindades emanadas do germe central eterno, formando com ele uma unidade suprema: a tríade *inicial*, a *manifestada* e a *criadora*, ou as três em uma. A última é apenas o símbolo, em sua expressão concreta, dos dois primeiros *ideais*. Portanto, a filosofia esotérica pende para a necessidade dessa concepção puramente metafísica, e chama a primeira de a única sempre existente.

* * *

Qualquer que seja o destino desses escritos num futuro remoto, esperamos ter comprovado até agora os seguintes fatos:

(1) A doutrina secreta não ensina nenhum *ateísmo*, exceto no sentido hindu da palavra *nastika*, ou a rejeição de ídolos, incluindo qualquer deus antropomórfico. Nesse sentido, todo ocultista é um *nastika*.

(2) Admite um Logos ou um "criador" coletivo do universo; um *demiurgo* – no sentido subentendido quando se fala de um "arquiteto" como o "criador" de um edifício, embora esse arquiteto jamais tenha tocado numa pedra dessa construção, mas, ainda que fornecesse o projeto, deixou todo o trabalho manual para os pedreiros; em nosso caso, o projeto foi fornecido pela ideação do universo, e o trabalho construtivo foi deixado para as hostes dos poderes e forças inteligentes. Entretanto, esse *demiurgo* não é uma divindade *pessoal*, ou seja, um *deus extracósmico* imperfeito, mas tão somente o agregado das inteligências espirituais e de outras forças.

Quanto a essas forças:

(3) São de caráter dual; sendo compostas (*a*) da *energia irracional bruta* inerente à matéria, e

(*b*) da alma inteligente ou consciência cósmica, que dirige e guia essa energia, sendo o *pensamento das inteligências espirituais que reflete a ideação da mente universal*. Isso resulta numa série perpétua de manifestações físicas e *efeitos morais* na Terra, durante os períodos evolutivos, sendo o todo subserviente ao karma. Como esse processo nem sempre é perfeito; e como, por mais provas que possa mostrar de uma inteligência orientadora por trás do véu, ainda apresenta lacunas e falhas, e muitas vezes resulta até mesmo em evidentes fracassos – portanto, nem o hospedeiro coletivo (o demiurgo), nem individualmente qualquer uma das potências de trabalho, merecem honras divinas ou adoração. No entanto, todos têm direito à grata reverência da humanidade, e o homem deveria sempre se esforçar para ajudar a evolução divina das *ideias*, esforçando-se para *colaborar com a natureza* na obra cíclica. Somente a *causa* eternamente desconhecida e incognoscível, a causa *sem causa* de todas as causas, deveria ter seu santuário e seu altar no solo sagrado e sempre inexplorado de nosso coração – invisível, intangível, inefável, exceto mediante a "voz mansa e delicada" de nossa consciência espiritual. Aqueles que a adoram devem fazê-lo em silêncio e na solidão santificada de sua alma; fazendo de seu espírito o único mediador entre eles e o *espírito universal*, de suas boas ações seus únicos sacerdotes, e de suas intenções pecaminosas as únicas vítimas de sacrifício visíveis e objetivas para a *Presença*.

(4) A matéria é *eterna*. É a base física para a mente universal infinita construir sobre ela suas ideações. Portanto, os esoteristas sustentam que não há matéria inorgânica ou *morta* na natureza, e que a distinção entre ambas proposta pela ciência é tão infundada quanto arbitrária e desprovida de razão. No entanto, independentemente do que a ciência possa pensar – e a ciência *exata* é uma dama leviana, como todos sabemos por experiência própria – o ocultismo sabe e ensina de maneira diferente, desde tempos imemoriais – de *Manu* e *Hermes* até Paracelso e seus sucessores.

(5) O universo evoluiu a partir de seu plano ideal, sustentado por toda a eternidade na inconsciência do Absoluto, aquela *realidade* transcendental na qual os ocultistas acreditam, muitas vezes aparecendo apenas como uma personificação de uma "*força* por trás dos fenômenos" – uma *energia* infinita e eterna da qual todas as coisas procedem.

A força ativa, o "movimento perpétuo do grande alento", só desperta o cosmos no princípio de cada novo período, pondo-o em movimento por meio de duas forças contrárias e, assim, fazendo com que se torne objetivo no plano da ilusão. Dito de outro modo, esse movimento dual transfere o cosmos do plano do ideal eterno para o da manifestação finita, ou do plano *numenal* para o *fenomenal*. Tudo o que *é*, *foi* e *será*, é eternamente, mesmo as inúmeras formas que são finitas e perecíveis apenas em seu objetivo, mas não em sua forma *ideal*. Existiram como ideias na eternidade e, quando passarem, existirão como reflexos. Nem a forma do homem, nem a de qualquer animal, planta ou pedra, jamais foram criadas, e somente neste nosso plano começaram a "tornar-se", isto é, a objetivar-se em sua presente materialidade, ou a expandir-se *de dentro para fora*, da essência mais sublimada e supersensível à sua aparência mais grosseira. Portanto, *nossas* formas humanas têm existido na eternidade como protótipos astrais ou etéreos; segundo os modelos que os seres espirituais (ou deuses), cujo dever era trazê-los à vida terrena e objetiva, desenvolveram as formas protoplásmicas dos futuros *egos* a partir *de sua própria essência*. Depois disso, quando esse molde humano básico estava pronto, as forças naturais da Terra começaram a trabalhar naqueles moldes suprassensíveis *que continham, além dos seus, os elementos de todas as formas vegetais e animais anteriores e futuras deste globo*. Assim sendo, o envoltório externo do homem passou por todos os corpos vegetais e animais antes de assumir a forma humana.

A doutrina secreta ensina que todo o universo é governado por forças e poderes inteligentes e semi-inteligentes, como afirmado desde o início. A teologia cristã admite e até *impõe* essa crença, mas estabelece uma divisão arbitrária ao se referir a eles como "anjos" e "demônios". A ciência nega tal existência e ridiculariza a ideia. Os espíritas acreditam nos espíritos dos mortos, e, salvo esses, negam inteiramente qualquer outra natureza ou classe de seres invisíveis. Os ocultistas são, portanto, os únicos defensores racionais das antigas tradições, que hoje culminaram na fé dogmática, por um lado, e nas negações também dogmáticas, por outro. Pois tanto a crença quanto a descrença abrangem, cada qual, apenas um pequeno canto dos horizontes infinitos das manifestações espirituais e físicas; assim, ambas estão certas de seus respectivos pontos de vista, e ambas estão erradas em acreditar que podem circunscrever o Todo dentro de suas próprias e estreitas limitações; pois nunca podem fazê-lo. A esse respeito, a ciência, a teologia e até mesmo o espiritismo mostram ter um pouco mais de sabedoria do que o avestruz, quando esconde a cabeça na areia a seus pés, certo de que não pode haver nada além de seu próprio ponto de observação e da área limitada ocupada por sua cabeça tola.

Transcreve-se a seguir alguns EXTRATOS DE UM COMENTÁRIO PARTICULAR até então secreto:

(xvii) *A existência inicial no primeiro crepúsculo da grande evolução (após a grande dissolução que se segue a todas as eras do criador) é uma* QUALIDADE ESPIRITUAL CONSCIENTE. *Nos mundos manifestados (sistemas solares) ela é, em sua* SUBJETIVIDADE OBJETIVA, *como a película de um sopro divino ao olhar do vidente em transe. À medida que surge do nada, espalha-se pelo infinito como um fluido espiritual incolor. Situa-se no* SÉTIMO PLANO *e em seu* SÉTIMO ESTADO *em nosso mundo planetário.*

(xviii) *É substância da* NOSSA *visão espiritual. Não pode ser chamada assim pelos homens em seu* ESTADO DE VIGÍLIA; *portanto, em sua ignorância, o chamaram de "Espírito de Deus".*

(xix) *Existe onde quer que seja e forma a primeira base sobre a qual nosso mundo (sistema solar) foi construído. Fora dele, só pode ser encontrada em sua primitiva pureza entre (os sistemas solares ou) as estrelas do universo, os mundos já formados ou em formação; enquanto isso, os que ainda estão no nada, repousam em seu seio. Como sua substância é de uma espécie diferente daquela conhecida na Terra, os habitantes desta última, vendo* ATRAVÉS DELA, *acreditam, em sua ilusão e ignorância, que é um espaço vazio. Não há sequer um ínfimo espaço vazio em todo o ilimitado (universo)...*

(XX) *A matéria ou substância é setenária em nosso mundo, assim como além dele. Ademais, cada um de seus estados ou princípios é repartido em sete graus de densidade. O Sol em seu reflexo visível exibe o primeiro, ou o estado mais baixo do sétimo, o estado mais alto da* PRESENÇA *universal, o puro do puro, o primeiro alento manifestado da essência divina sempre imanifestada). Todos os sóis físicos centrais ou objetivos são em sua substância o estado mais baixo do primeiro princípio do* ALENTO. *E nenhum deles é mais do que o* REFLEXO *de seus* PRIMITIVOS *que estão ocultados do olhar de todos, exceto das inteligências espirituais, cuja substância corpórea pertence à quinta divisão do sétimo princípio da substância mãe, e está, portanto, quatro graus acima da substância refletida pelo Sol. Assim como há sete substâncias principais no corpo humano, há sete forças no homem e em toda a natureza.*

(xxi) *A substância real do oculto (Sol) é um núcleo da substância mãe. É o coração e a matriz de todas as forças vivas e existentes em nosso sistema solar. É o núcleo do qual procedem, para expandir-se em suas jornadas cíclicas, todos os poderes que põem em ação os átomos em seus deveres funcionais, e o foco dentro do qual eles novamente se encontram em sua* SÉTIMA ESSÊNCIA *a cada onze anos. Daquele que te disser que viu o Sol, ria dele como se tivesse dito que, realmente, o Sol avança em seu percurso cotidiano...*

(xxiii) *É por causa de sua natureza setenária que o Sol é descrito pelos antigos como aquele que é conduzido por sete cavalos iguais às métricas dos versos védicos; ou, ainda, que, embora seja identificado com as* SETE *classes de seres em seu orbe, é distinto deles, como é, de fato; como também tem* SETE *raios, como, de fato, tem...*

(xxv) *Os sete seres no Sol são os sete santos, autoengendrados do poder inerente à matriz da substância mãe. São eles que enviam as sete forças principais, chamadas raios, que no início da dissolução se centralizarão em sete novos sóis necessários para a próxima evolução. A energia da qual eles surgem para a existência consciente em cada Sol é o que algumas pessoas chamam de Vishnu, que é o alento* DA ABSOLUTILIDADE.

Nós a chamamos de vida manifestada una – sendo ela, em si mesma, um reflexo do Absoluto...

(xxvi) *Este último nunca deve ser mencionado com palavras ou discurso* PARA NÃO RETIRAR PARTE DE NOSSA ENERGIA ESPIRITUAL QUE ASPIRA *atingir seu estado, gravitando espiritualmente sempre em sua direção, enquanto todo o universo físico gravita em direção ao* SEU *centro manifestado – cosmicamente.*

(xxvii) *O primeiro – a existência inicial – que neste estado de ser podemos chamar de* VIDA UNA, *é, como já explicado, uma* PELÍCULA *para fins criadores ou formadores. Manifesta-se em sete estados que, com suas subdivisões setenárias, são os* QUARENTA E NOVE *fogos mencionados nos livros sagrados...*

(xxix) *O primeiro é a... "mãe" (prima* MATÉRIA). *Separando-se em seus sete estados primitivos, desce ciclicamente; ao se consolidar em seu* ÚLTIMO *princípio como* MATÉRIA BRUTA, *gira em torno de si mesmo e infunde, com a sétima emanação desta última, o primeiro e o mais baixo elemento (a serpente que morde a própria cauda). Em uma hierarquia, ou ordem de ser, a sétima emanação de seu último princípio é:*

(a) *No mineral, a centelha que jaz latente nele, e é chamada ao seu ser evanescente pelo* POSITIVO *que desperta o* NEGATIVO *(e assim por diante)...*

(b) *Na planta é aquela força vital e inteligente que infunde a semente e a desenvolve na folha da grama, ou na raiz e no rebento. É o germe que se torna a* BASE *dos sete princípios da coisa em que vive, lançando-os à medida que essa cresce e se desenvolve.*

(c) *Em todos os animais faz o mesmo. É seu princípio vital e a força vital; seus instintos e qualidades; suas características e suas idiossincrasias especiais...*

(d) *Ao homem, dá tudo o que concede a todas as demais unidades manifestadas na natureza; mas desenvolve, além disso, o reflexo de todos os seus* QUARENTA E NOVE FOGOS. *Cada um de seus sete princípios é o único herdeiro e participante dos sete princípios da "grande mãe". O alento do seu primeiro princípio é o espírito. Seu segundo princípio é a alma. Nós o chamamos, erroneamente, de sétimo. O terceiro lhe fornece (a) o material cerebral no plano físico e (b) a* MENTE *que o move – (que é a alma humana) de acordo com suas capacidades orgânicas.*

(e) *É a força orientadora nos elementos cósmicos e terrestres. Reside no fogo originado de seu ser latente tornando-o ativo; pois todas as sete subdivisões do princípio *** residem no fogo terres-*

tre. Rodopia com a brisa, sopra com o furacão e põe o ar em movimento, elemento que também participa de um de seus princípios. Procedendo ciclicamente, regula o movimento da água, atrai e repele as ondas de acordo com as leis fixas, cujo sétimo princípio é a alma orientadora.

(f) *Seus quatro princípios superiores contêm o germe que se desenvolve nos deuses cósmicos; seus três princípios inferiores geram a vida dos elementos (elementais).*

(g) *Em nosso mundo solar, a existência una é o céu e a terra, a raiz e a flor, a ação.[32] É o Sol, e está presente inclusive no vaga-lume. Nenhum átomo pode escapar disso. Portanto, os antigos sábios o chamaram apropriadamente de Deus manifestado na natureza...*

Tudo aquilo que é emana do ABSOLUTO que, somente por essa qualidade, permanece como a realidade una e única – portanto, tudo o que é estranho a esse Absoluto, o elemento gerador e causador *deve* ser, inegavelmente, uma ilusão. Entretanto, isso só acontece do ponto de vista puramente metafísico. Um homem que se considera mentalmente são, e é assim considerado por seus

---

32 [No texto original usa-se "a ação e o pensamento".] (N.E.)

semelhantes, encara as visões de um irmão insensato – cujas alucinações *tornam a vítima extremamente feliz ou infeliz*, conforme o caso – como ilusões e fantasias da mesma forma. Mas onde está aquele louco para quem as sombras horríveis em sua mente perturbada, suas *ilusões*, não são, por enquanto, tão verdadeiras e reais quanto aquilo que seu médico ou cuidador podem ver? Tudo é relativo neste universo, tudo é ilusão. Entretanto, a experiência de qualquer plano é uma realidade para o ser perceptivo, cuja consciência está nesse plano; embora a referida experiência, considerada do ponto de vista puramente metafísico, possa ser concebida como despojada da realidade objetiva. Contudo, não é contra os metafísicos, mas sim contra os físicos e os materialistas, que os ensinamentos esotéricos devem lutar, e para tais, a força vital, a luz, o som, a eletricidade e até mesmo a força de atração magnética, não têm existência objetiva, é dito que existem meramente como "formas de movimento", "sensações e *efeitos* da matéria".

De modo geral, nem os ocultistas, nem os teosofistas, rejeitam, como alguns erroneamente acreditam, os pontos de vista e as teorias dos cientistas modernos, apenas porque esses pontos de vista se opõem à teosofia. A primeira regra de nossa Sociedade é dar a César o que é de César. Os teosofistas, portanto, são os primeiros a reconhecer o valor intrínseco da ciência. Mas, quando seus sumos sacerdotes transformam a consciência numa secreção da massa cinzenta do cérebro, e tudo o mais que há na natureza numa forma de movimento, protestamos contra a doutrina como sendo antifilosófica, autocontraditória e totalmente absurda, do ponto de vista *científico*, tanto e tão mais do que do aspecto oculto do conhecimento esotérico.

A luz astral, na verdade, possui segredos estranhos e misteriosos para quem nela pode ver; e os mistérios ocultos em suas ondas incessantemente inquietas *estão lá*, apesar de todos os materialistas e detratores. Esses segredos, juntamente com muitos outros mistérios, permanecerão sendo lendários para os materialistas de hoje, da mesma maneira que a América era apenas uma lenda para os europeus durante a primeira parte do período medieval, contudo, vários séculos antes, escandinavos e noruegueses chegaram e se estabeleceram naquele "Novo Mundo", que, na realidade, era muito velho. Mas, assim como Colombo nasceu para redescobrir e forçar o Velho Mundo a acreditar em países antípodas, também nascerão cientistas que descobrirão as maravilhas agora reivindicadas pelos ocultistas como presentes nas regiões do éter, com seus diversos e multiformes habitantes e entidades conscientes. Então, *nolens volens*,[33] a ciência terá de aceitar as velhas "superstições", como fez anteriormente. E tendo sido uma vez forçada a aceitá-las – a julgar pela experiência passada – seus eruditos professores, certamente, como no caso do mesmerismo e do magnetismo, agora rebatizados de hipnotismo, irão adotá-las, depois de rejeitar seu nome, e renomeá-las.

Mas a VERDADE, por mais desagradável que seja para as massas geralmente não esclarecidas, sempre teve seus defensores prontos para morrer por ela, e não serão os ocultistas que protestarão contra sua adoção pela ciência, seja qual for seu novo nome. Contudo, até que seja absolutamente imposta ao conhecimento e à aceitação dos cientistas, muitas verdades ocultas permanecerão tabus, como os fenômenos dos espíritas e outras manifestações psíquicas, para serem finalmente apropriadas por seus difamadores, sem qualquer reconhecimento ou agradecimento.

É quase impossível que as mentes das gerações de hoje não estejam completamente maduras para a recepção das verdades ocultas. Tal será a retrospectiva fornecida aos pensadores avançados da

---

33 Expressão latina que significa "por bem ou por mal". (N.T.)

sexta raça-raiz quanto à história da aceitação da filosofia esotérica – plena e incondicionalmente. Enquanto isso, as gerações de nossa quinta raça continuarão sendo levadas por preconceitos e suposições. As ciências ocultas serão apontadas pelo dedo do escárnio em cada esquina, e todos procurarão ridicularizá-las e esmagá-las em nome e para a glória maior do materialismo e sua suposta ciência.

Há cerca de quinze anos, a autora foi a primeira a repetir os sábios mandamentos no catecismo esotérico. "Fecha a tua boca, para que não fales *disto* (o mistério), e o teu coração, para que não penses em voz alta; e se teu coração te escapou, traga-o de volta ao seu lugar, pois esse é o objetivo de nossa aliança." E novamente: "Este é um segredo que causa a morte: fecha a tua boca para que não o reveles ao povo; comprime o cérebro para que nada escape e caia fora dele." (Regras de Iniciação)

Alguns anos depois, uma ponta do Véu de Ísis seria levantada; e agora uma fenda maior é aberta...

Entretanto, erros antigos e consagrados pelo tempo – como os que se tornam a cada dia mais claros e evidentes – estão dispostos em ordem de batalha agora, como naquela época. Impulsionados pelo conservadorismo cego, pela presunção e pelo preconceito, estão constantemente à espreita, prontos para estrangular toda verdade que, despertando de seu sono milenar, bate à porta para ser admitida. Tem sido assim desde que o homem se transformou num animal. Isso confirma em todos os casos a *morte moral* para seus precursores, que trazem à luz qualquer uma dessas antiguíssimas verdades, é tão certo quanto dar VIDA e REGENERAÇÃO àqueles que estão aptos a se beneficiar mesmo com o pouco que agora lhes é revelado.

Livro II
Antropogênese

"Nos primórdios, uma donzela,
Linda filha do éter,
Por eras passou sua existência
Na grande imensidão do céu,
. . . .

Por setecentos anos vagou,
Por setecentos anos trabalhou,
Antes de dar à luz seu primogênito.
. . . .

Antes que uma encantadora pata descesse,
Apressada em direção à mãe-água.
. . . .

Cuidadosamente se acomoda sobre o joelho,
Buscando um lugar conveniente para o ninho,
Onde pôr seus ovos em segurança,
Põe seus ovos ali com satisfação,
Seis, os ovos de ouro que ela põe,
Então, um *sétimo*, um ovo de ferro..."

Kalevala, Runa I

Notas Preliminares

As Estâncias deste Livro, o segundo, foram extraídas dos mesmos registros arcaicos que as Estâncias sobre a Cosmogonia no Livro I.

No que diz respeito à evolução da humanidade, a doutrina secreta postula três novas proposições, que se colocam em antagonismo direto com a ciência moderna, bem como com os dogmas religiosos atuais: ensina (a) a evolução simultânea de sete grupos humanos em sete diferentes partes do nosso globo; (b) o nascimento do *astral*, antes do corpo *físico*: sendo o primeiro modelo para o segundo; e (c) que o homem, nesta [quarta] ronda, precedeu a todos os mamíferos – inclusive os antropoides – no reino animal.

Há duas "criações" assim chamadas. Essas "criações", de acordo com os ensinamentos ocultos, referem-se respectivamente à formação dos sete *homens* primordiais pelos Progenitores ou Pais: e a dos grupos humanos após a "queda" [a separação dos sexos]. A primeira raça, que era *imperfeita*, nasceu antes de existir o "equilíbrio" (os sexos). Foram "destruídos", como raça, por serem fundidos em sua própria progênie (por exsudação); isto é, a raça assexuada [a primeira] reencarnou na (potencialmente) bissexual [a segunda raça]; a última, nos andróginos [o início da terceira raça]; estes novamente se reencarnaram na sexual, sendo depois a terceira raça.

É certo que o aparente sobrenaturalismo desses ensinamentos, embora alegóricos, é tão diametralmente oposto às obsoletas narrativas da Bíblia, bem como às últimas hipóteses da ciência, que evocará uma negação apaixonada. Os ocultistas, porém, sabem que as tradições da filosofia esotérica devem ser corretas, simplesmente porque são as mais lógicas e conciliam todas as dificuldades.

Antes de nos voltarmos para a *Antropogênese* das raças pré-históricas, pode ser útil concordar sobre os nomes a serem dados aos continentes em que as quatro grandes raças, que precederam nossa raça Adâmica [a ariana], nasceram, viveram e morreram. Seus nomes arcaicos e esotéricos eram muitos, e variavam de acordo com a língua da nacionalidade que os mencionava em seus anais e escrituras.

Portanto, em vista da possível e muito provável confusão que possa surgir, considera-se mais conveniente adotar, para cada um dos quatro continentes constantemente mencionados, um nome mais familiar ao leitor culto. Propõe-se, então, chamar o primeiro continente, ou melhor, a primeira *terra firme* sobre a qual a primeira raça foi desenvolvida pelos progenitores divinos:

I. A IMPERECÍVEL TERRA SAGRADA.

As razões para a atribuição desse nome são explicadas da seguinte forma: relata-se que essa "terra sagrada" nunca compartilhou da sorte dos outros continentes; porque é a única cujo destino é durar do início ao fim da evolução ao longo de cada ronda. É o berço do primeiro homem e a morada do último mortal *divino*, escolhido como *semente* para a futura humanidade. Dessa terra misteriosa e sagrada muito pouco pode ser dito, exceto, talvez, de acordo com uma expressão poética num dos Comentários, que a "estrela polar mantém seu olhar atento sobre ela desde o amanhecer até o fim do crepúsculo de 'um dia' do GRANDE ALENTO".

II. O HIPERBÓREO será o nome escolhido para o segundo continente, a terra que estendia seus promontórios para o sul e para o oeste do Polo Norte, a fim de receber a segunda raça, e compreendia toda área hoje conhecida como norte da Ásia. Tal era o nome dado pelos antigos gregos à longínqua e misteriosa região para onde sua tradição fazia Apolo, o "Hiperbóreo", viajar todos os anos. *Astronomicamente*, como é claro, Apolo é o Sol, que, abandonando seus santuários helênicos, apreciava visitar de tempos em tempos seu distante país, onde se dizia que o Sol não se punha durante metade do ano.

Mas *historicamente*, ou melhor, talvez, etnológica e geologicamente, o significado é diferente. A terra dos Hiperbóreos, o país que se estendia além de Bóreas, o deus de coração congelado da terra das neves e dos furacões, que adorava dormir pesadamente na cadeia dos Montes Riphaeus, não era nem um país ideal, como supõem os mitólogos, nem uma terra na vizinhança da Cítia e do Danúbio. Era um continente, uma terra *bona-fide,*[34] que nos primórdios não conhecia o inverno, nem onde, mesmo hoje, seus tristes vestígios duram mais de uma noite e um dia durante todo o ano. As sombras noturnas jamais a obscureciam, diziam os gregos; pois é a *terra dos deuses*, a morada favorita de Apolo, o deus da luz, e seus habitantes eram

---

34 Expressão latina que significa "genuíno". (N.T.)

seus amados sacerdotes e servos. Isso pode ser considerado hoje como ficção poética; contudo, era então uma verdade poética.

III. O terceiro continente, propomos chamar de "LEMÚRIA". Incluía algumas partes do que é hoje a África; mas, fora isso, esse continente gigantesco, que se estendia do oceano Índico até a Austrália, agora desapareceu completamente sob as águas do Pacífico, permanecendo, aqui e ali, apenas o topo de algumas de suas montanhas, que hoje são ilhas.

IV. "ATLÂNTIDA" é o quarto continente. Seria a primeira terra histórica, se as tradições dos antigos recebessem mais atenção do que até aqui. A famosa ilha com esse nome citada por Platão era apenas um fragmento desse grande continente.

V. O quinto continente é[35] a AMÉRICA; mas, em virtude de sua posição diametralmente oposta, a Europa e a Ásia Menor, quase suas contemporâneas, são geralmente mencionadas pelos ocultistas indo-arianos como o quinto continente. Se seus ensinamentos seguissem o surgimento dos continentes em sua ordem geológica e geográfica, então essa classificação

---

35 [No texto original usa-se "era" em vez de "é".] (N.E.)

teria de ser alterada. Contudo, como a sequência dos continentes é feita para seguir a ordem de evolução das raças, da primeira à quinta, nossa raça-raiz ariana, a EUROPA deve ser chamada o quinto grande continente.

A doutrina secreta não leva em conta ilhas e penínsulas, nem segue a moderna distribuição geográfica de terras e mares. De seus primeiros ensinamentos até a destruição da grande Atlântida, a face da Terra passou por mais de uma transformação. Houve um período em que o delta do Egito e o norte da África pertenciam à Europa, antes da formação do estreito de Gibraltar, e uma posterior reviravolta do continente transformou completamente a face do mapa da Europa. A última grande mudança ocorreu cerca de doze mil anos atrás, e foi seguida pela submersão da pequena ilha atlântica de Platão, chamada por ele de Atlântida por causa de seu continente de origem. A geografia fazia parte dos mistérios, antigamente. "Esses segredos (relativos a terras e mares) foram revelados *aos homens da ciência secreta*, mas não aos geógrafos."

A alegação de que o homem físico era, originalmente, um gigante colossal pré-terciário e que já existia há dezoito milhões de anos, deve parecer absurda para os admiradores e crentes do conhecimento moderno. Todo o *posse comitatus*[36] de biólogos se afastará da concepção dessa terceira raça titânica do período secundário, um ser apto a lutar com sucesso com os então gigantescos monstros aéreos, marítimos e terrestres, assim como seus antepassados – o eterno protótipo atlante [lemuriano] – tinha pouco a temer do que não lhe poderia causar danos. O antropólogo moderno certamente desdenhará de nossos titãs, tal como faz com o Adão bíblico, do mesmo modo que o teólogo desdenha de seu ancestral pitecoide. Os ocultistas e seus críticos severos podem reconhecer que já acertaram suas contas mutuamente a esta altura. Em todas as circunstâncias, as ciências ocultas afirmam menos e oferecem mais que a antropologia ou a teologia bíblica.

A doutrina secreta [ainda] atribui de quatro a cinco milhões de anos ao período entre o princípio e a evolução final da quarta raça-raiz, no continente Lêmuro-Atlante; um milhão de anos para a quinta, ou raça ariana, desde seu início até a presente data; e cerca de 850 mil anos desde a submersão da última grande península da grandiosa Atlântida.

---

36 Expressão do latim medieval que significa "poder, força ou capacidade". Fonte: *Collins English Dictionary*. (N.T.)

A cronologia esotérica não deve assustar ninguém; pois, no que diz respeito aos números, as maiores autoridades [científicas] da época são tão inconstantes e incertas quanto as ondas do Mediterrâneo. No que diz respeito apenas à duração dos períodos geológicos, os eruditos da Royal Society estão todos irremediavelmente à deriva, saltando com a maior facilidade de um milhão para quinhentos milhões de anos. O ponto principal para nós, no entanto, não está no acordo ou desacordo dos naturalistas quanto à duração dos períodos geológicos, mas sim na perfeita concordância a respeito de certo ponto de grande importância.

Todos eles concordam que durante o "período mioceno" – seja um ou dez milhões de anos atrás – a Groenlândia e até Spitsbergen, os remanescentes do nosso segundo continente, ou Hiperbóreo, "tinham um clima quase tropical". Pois bem, os gregos pré-homéricos haviam preservado uma vívida tradição dessa "terra do sol eterno", para onde Apolo viajava anualmente. "Durante o mioceno, a Groenlândia (a 70° de latitude norte) desenvolveu árvores em abundância, como o teixo, a sequoia comum e a vermelha, aliadas às espécies californianas, como a faia, os plátanos, os salgueiros, os carvalhos, os choupos e as nogueiras, além da magnólia e da zâmia", diz a ciência; em suma, a

Groenlândia tinha plantas do sul desconhecidas nas regiões do norte.

E agora surge naturalmente a seguinte pergunta. Se os gregos conheciam, nos dias de Homero, uma terra hiperbórea, isto é, uma terra abençoada além do alcance de Bóreas, o deus do inverno e da ventania, uma região ideal que os gregos posteriores e seus clássicos tentaram em vão localizar, procurando-a além da Cítia, um país onde as noites eram curtas e os dias longos, e além daquela terra um país onde o Sol nunca se punha e as palmeiras cresciam livremente – se sabiam de tudo isso, quem então lhes contou? Em sua época, e por eras anteriores, a Groenlândia certamente já devia estar coberta de neves eternas, com gelo que nunca derrete, exatamente como está agora. Tudo tende a mostrar que a terra das noites breves e dos dias longos era a Noruega ou a Escandinávia, para *além* das quais ficava a terra abençoada da luz e do verão eternos; e para saber disso, a tradição deve ter sido passada aos gregos por povos mais antigos que eles, já familiarizados com aqueles detalhes climáticos dos quais os próprios gregos nada podiam saber. Mesmo em nossos dias, a ciência [?] suspeita da existência, além dos mares polares e do próprio Círculo Polar Ártico, de um mar que nunca congela e de um continente sempre vicejante. Os ensinamentos arcaicos fazem as mesmas afirmações. Basta-nos, então, a forte probabilidade de que um povo, hoje desconhecido da história, tenha vivido durante o período mioceno da ciência moderna, numa época em que a Groenlândia era uma terra quase tropical.

As Estâncias de Dzyan

ESTÂNCIA I
PRIMÓRDIOS DA VIDA SENCIENTE

Os espíritos da Terra

1. O espírito que move o quarto é subserviente aos espíritos dos sete, aqueles que giram, dirigindo suas carruagens ao redor de seu senhor, o olho único de nosso mundo. Seu alento deu vida aos sete. E deu vida ao primeiro.

   Quarto: globo, a Terra.

   Sete: espíritos planetários.

   Olho único: Sol espiritual.

Invocação da Terra ao Sol

2. A Terra disse: "Senhor da face resplandecente; minha casa está vazia... envia teus filhos para povoar esta roda. Tu enviaste teus sete filhos ao senhor da sabedoria. Sete vezes ele te vê mais perto de si mesmo, sete vezes mais ele te

sente. Tu proibiste teus servos, os pequenos anéis, de capturar tua luz e calor, que tua magnificência intercepta na sua passagem. Transmite agora a teu servo o mesmo".

Senhor da face resplandecente: o Sol.

Esta roda: a Terra.

Senhor da sabedoria: Mercúrio, o irmão mais velho da Terra (*DS*, II, 45).

Pequenos anéis: os pequenos planetas entre a Terra e o Sol. Mercúrio, Vênus e o Sol são um (*DS*, II, 28, 542).

O que o Sol responde

3. O senhor da face resplandecente disse: "Eu te enviarei um fogo quando teu trabalho for iniciado. Erga tua voz para outros planos; suplica o teu pai, o senhor do lótus, pelos seus filhos... Teu povo estará sob o domínio dos (senhor dos) pais. Teus homens serão mortais. Os homens do senhor da sabedoria, não os filhos da Lua, são imortais. Cessa as tuas queixas. Tuas sete peles ainda estão sobre ti... Tu não estás pronto. Teus homens não estão prontos".

Senhor do lótus: a Lua.

Senhor dos pais: deus da morte, juiz dos mortais.

Homens do senhor da sabedoria: a humanidade de Mercúrio.

Transformação da Terra

4. Depois de grandes espasmos, ela descartou as três velhas peles e vestiu-se com as sete novas, e manteve a sua primeira.

Espasmos: as mudanças geológicas.

Três velhas: as peles das três primeiras rondas.

ESTÂNCIA II
SEM AJUDA A NATUREZA FALHA

Após enormes períodos a Terra gera monstros

5. A roda girou por mais trinta *crores*. Construiu formas; pedras macias que endureceram; plantas duras que ficaram maleáveis. O visível veio do invisível, os insetos e as pequenas vidas. Sacudia-os das costas sempre que eles se sobrepunham à mãe.

   Depois de trinta crores, ela se virou. Deitando-se de costas; de lado. Não chamou os filhos do céu, não recorreu aos filhos da sabedoria. Criou-os de seu próprio seio. Desenvolveu os homens d'água, terríveis e maus.

   Trinta crores: 300 milhões de anos, ou três eras ocultas.

   Deitando-se de costas: mudança radical na inclinação do eixo da Terra.

Pedras: minerais.

Plantas: vegetação.

Pequenas vidas: animais, repteis. Ver o verso 29.

Sacudia-os das costas: convulsões geológicas.

Os criadores ficaram descontentes

6. Ela mesma criou os homens d'água, terríveis e maus, a partir dos restos dos outros, da escória e do lodo de seu primeiro, segundo e terceiro, ela os formou. As inteligências espirituais vieram e contemplaram. As inteligências espirituais do brilhante pai-mãe, das regiões brancas vieram, das moradas dos mortais-imortais.

Ela mesma: a Terra.

Restos dos outros: de outros reinos, mineral, vegetal e animal.

Primeira, segunda e terceira: rondas.

Pai-mãe: solar-lunar.[37]

Eles secaram a Terra

7. Estavam descontentes. "Nossa carne não está ali. Não há forma adequada para nossos irmãos da quinta. Não há moradas para suas vidas. Devem beber água pura, e não turva. Vamos secá-los."

---

37 [No texto original, essa expressão vem depois da palavra "branca".] (N.E.)

Quinta: hierarquia criadora, demônios. Ver a Estância I, verso 47.

Secar: murchar, destruir.

Destruição das formas

8. As chamas vieram. Os fogos com as fagulhas; os fogos da noite e os fogos do dia. Secaram as águas turvas e escuras. Com seu calor elas as extinguiram. Os espíritos do alto e os espíritos de baixo vieram. Exterminaram as formas que tinham duas e quatro faces. Lutaram contra os homens-caprinos, contra os homens com cabeça de cão, e contra os com corpo de peixe.

Chamas: da primeira hierarquia criadora.

Espíritos de baixo: de graus inferiores, um degrau acima de nossa esfera terrestre.

As primeiras grandes marés

9. A água-mãe, o grande mar, chorou. Levantou--se, desapareceu na Lua que a ergueu, que lhe deu à luz.

Lua: mais velha que a Terra, e origem desta.

O início da formação da crosta terrestre

10. Quando foram destruídos, a mãe Terra ficou nua. Ela pediu para se tornar seca.

Seca: chegou a fase da formação da crosta da Terra.

ESTÂNCIA III
TENTATIVAS DE CRIAR O HOMEM

As descidas do demiurgo

11. O senhor dos senhores veio. De seu corpo separou as águas, e isso se tornou o céu de cima, o primeiro céu.

    Senhor dos senhores: demiurgo.

    Separou as águas: as de baixo das de cima.

    Primeiro céu: atmosfera, ar, firmamento.

Os deuses lunares foram ordenados a criar

12. Os grandes senhores chamaram os senhores da Lua e os de corpos aéreos. "Gerai os homens, homens de vossa natureza. Dai-lhes suas formas internas. Ela construíra as coberturas exteriores. Serão macho-fêmea. Os senhores da chama também."

    Senhores da Lua: ancestrais lunares, progenitores, pais, que deram aos homens três dos princípios inferiores (desejo, vida, duplo).

    Ela construirá as coberturas exteriores: a Terra provê o princípio mais baixo, o corpo físico.

    Senhores da chama: que deram aos homens o quinto princípio, a mente.

Os deuses superiores se recusam

13. Eles retiraram-se, cada qual para a terra que lhes foi designada; sete deles, cada um na sua classe. Os senhores da chama permaneceram atrás. Não iriam, nem criariam.

Eles: os deuses da Lua.

Cada qual para a terra que lhes foi designada: sete raças diferentes de homens, externa e internamente, em sete zonas diferentes.

ESTÂNCIA IV
CRIAÇÃO DA PRIMEIRA RAÇA

Criação do homem

14. Os sete anfitriões, os senhores nascidos da vontade, impelidos pelo espírito de dar vida, separaram os homens uns dos outros, cada um em sua própria zona.

Sete hostes: os senhores da Lua.

Nascidos na vontade: nascido da mente, nascido de si mesmo. Ver o verso 20.

Homens separados: afastaram as sombras, ou seja, os corpos astrais, ou duplos etéricos a fim de que os homens os habitassem.

Elas são sombras vazias

15. Nasceram sete vezes sete sombras dos futuros homens, cada um de sua cor e tipo. Todas inferiores a seu pai. Os pais, desprovidos de ossos, não podiam dar vida a seres com ossos. Seus descendentes eram fantasmas, sem forma nem mente. Portanto, são chamados de a raça das sombras.

     Sete vezes sete: cada raça apresenta sete sub-raças.

Os criadores ficam atônitos sobre como criar um homem pensante

16. Como nascem os humanos? Os pensadores dotados de mente, como foram criados? Os pais chamaram em seu auxílio o próprio fogo, que é o fogo que arde na Terra. O espírito da Terra chamou em seu auxílio o fogo solar. Em seus esforços conjuntos, os três produziram uma forma adequada. Podia ficar de pé, andar, correr, reclinar ou voar. No entanto, ainda era apenas uma sombra sem sentido.

     Fogo: fogo elétrico, fogo lunar.

     Fogo solar: espírito do Sol.

     Estes três: Sol, Lua, Terra (ou senão: o pai e os dois fogos).

     Uma forma adequada: animal perfeito.

     Sem sentido: sem a mente.

O que é necessário para a formação de um homem perfeito

17. O alento precisava de uma forma; os pais a proveram. O alento precisava de um corpo denso; a Terra o moldou. O alento precisava do espírito da vida; os espíritos solares insuflaram-no em sua forma. O alento precisava de um modelo do próprio corpo: "Demos o nosso", disseram as inteligências espirituais. O alento precisava de um veículo dos desejos; "Já o tem", disse o drenador das águas. Mas o alento precisava de uma mente para compreender o universo; "Não podemos dar isso", disseram os pais. "Eu nunca tive mente", disse o espírito da Terra. "A forma seria consumida se eu lhe desse a minha", disse o grande fogo. O homem permaneceu como um fantasma vazio e sem consciência. Assim os que não tinham ossos deram vida àqueles que na terceira se tornaram homens com ossos.

Alento: mônada humana.

Espelho: sombra astral, duplo etérico.

Drenador das águas: o fogo da paixão e do instinto animal.

Grande fogo: fogo solar.

Homem: homem nascente.

Terceira: raça, bissexual. Ver o verso 19.

ESTÂNCIA V
A EVOLUÇÃO DA SEGUNDA RAÇA

Os filhos da yoga

18. Os primeiros foram os filhos da yoga. Seus filhos, os filhos do pai amarelo e da mãe branca.

Primeiros: raça, assexuada. Ver o próximo verso e a próxima nota de rodapé.

Pai amarelo: Sol.

Mãe branca: Lua.

A segunda raça assexual[38]

19. A segunda raça foi produto da germinação e expansão, a assexual da sem sexo.[39] Assim foi, ó discípulo, a segunda raça produzida.

Germinação: nascido do suor.[40]

---

38 [O texto original usa o termo "sem sexo" em vez de "assexual", o que não está de acordo com o verso. Há uma diferença sutil entre os dois, sendo o assexual, ou "potencialmente" sexuado, intermediário entre o sem sexo e o "efetivamente" bissexual.] (N.E.)

39 A ideia e o espírito da frase estão aqui apenas dados, pois uma tradução verbal transmitiria muito pouco ao leitor.

40 O método de procriação da humanidade da segunda raça-raiz, bem como da terceira raça primitiva (Lemuriana). Descrita por Blavatsky em *A Doutrina Secreta* como a "exsudação de umidade ou fluido vital, cujas gotas coalescentes formavam uma bola oviforme – ou devemos

Assexual: forma.

Sem sexo: sombra.

Os filhos dos filhos do crepúsculo

20. Seus pais nasceram de si mesmos. Os autonascidos, as sombras dos corpos brilhantes dos senhores, os pais, os filhos do crepúsculo.

Seus pais: a primeira raça.

Nasceram de si mesmos: nascidos da vontade, nascidos da mente. Ver o verso 14.

Senhores: da Lua.

Crepúsculo: cadeia lunar.

A "sombra", ou o homem astral, retira-se para o interior, e o homem desenvolve um corpo físico

21. Quando a raça envelheceu, as águas antigas misturaram-se com as águas mais novas. Quando suas gotas ficaram turvas, dispersaram-se e desapareceram na nova corrente, na corrente quente da vida. O exterior do primeiro tornou-se o interior do segundo. A antiga asa tornou-se a nova sombra, e a sombra da asa.

---

dizer ovo?, servindo de estranho veículo para a geração de um feto e de uma criança". (N.T.)

As águas misturaram-se: a antiga, primeira raça, fundiu-se na segunda e tornou-se uma com ela; a primeira raça nunca morreu.

O exterior tornou-se o interior: o homem desenvolve um corpo físico.

Antiga asa: duplo etéreo.

Nova sombra: corpo denso.

ESTÂNCIA VI
A EVOLUÇÃO DOS NASCIDOS
DO SUOR

A evolução das [primeiras] três raças prossegue

22. Então a segunda evoluiu para a nascida do ovo, a terceira. O suor se intensificou, suas gotas cresceram e as gotas ficaram duras e redondas. O Sol as aqueceu; a Lua esfriou e as moldou; o vento as alimentou até a maturidade. O cisne branco que veio da abóbada estrelada ofuscou a grande gota. O ovo da raça futura, o homem--cisne da posterior terceira. Primeiro macho--fêmea, depois homem e mulher.

Terceira: raça.

Cisne branco: Lua.

Macho-fêmea: bissexual, hermafrodita, andrógino.

Homem e mulher: separação dos sexos, 18 milhões de anos atrás.

A segunda raça cria a terceira e perece

23. Os autonascidos eram as sombras dos corpos dos filhos do crepúsculo. Nem a água nem o fogo poderiam destruí-los. Contudo, seus filhos foram destruídos.

Autonascidos: primeira raça.

Seus filhos foram: a segunda raça foi destruída pela água e pelo fogo.

ESTÂNCIA VII
DOS SETE DIVINOS ATÉ A PRIMEIRA RAÇA HUMANA

Os criadores superiores rejeitam em seu orgulho as formas desenvolvidas pelos "filhos da yoga"

24. Os filhos da sabedoria, os filhos da noite, prontos para o renascimento, desceram. Viram as formas vis da primitiva terceira. "Podemos escolher", disseram os senhores; "temos sabedoria". Alguns participaram das sombras. Outros lançaram a centelha. Outros ainda adiaram até a quarta. De sua própria

forma supriram o veículo-desejo. Aqueles que entraram tornaram-se Arhats. Aqueles que receberam apenas uma centelha, permaneceram destituídos de conhecimento; a centelha queimava tremeluzente. A terceira permaneceu sem mente. Suas vidas não estavam prontas. Estas foram separadas entre as sete. Suas mentes se tornaram estreitas. A terceira estava pronta. "Nestas habitaremos", disseram os senhores da chama e da sabedoria sombria.

Filhos da noite: da primeira cadeia.

Vis: do ponto de vista intelectual, porque ainda privados de sentido e mente.

Primitiva terceira: primeira metade da terceira raça.

Quarta: raça.

Conhecimento: conhecimento superior.

Suas vidas: suas mônadas.

Não estavam prontos: para a encarnação.

As sete: espécie humana primitiva, raças.

Mente estreita: inteligência limitada. Ver os versos 32 e 41.

A terceira: terceira sub-raça da terceira raça.

Da sabedoria sombria: os demônios nascidos do "corpo da noite", a primeira cadeia.

Eles não encarnarão nos primeiros nascidos do ovo

25. Como agiram os filhos da sabedoria? Rejeitaram os autonascidos. Não estavam prontos. Rejeitaram os nascidos do suor. Não estavam totalmente prontos. Não se associaram aos primeiros nascidos do ovo.

Autonascidos: primeira raça.[41]

Nascido do suor: segunda raça, os que não têm ossos.[42]

Primeiros nascidos do ovo: primeiras sub-raças da terceira raça.

Selecionam os andróginos

26. Quando os nascidos do suor produziram os nascidos do ovo, os duplos e os potentes, os poderosos com ossos, os senhores da sabedoria disseram: "Agora devemos criar".

Duplos: terceira raça andrógina.

O primeiro homem dotado de mente

27. A terceira raça tornou-se o veículo dos senhores da sabedoria. Criou pelo poder mágico os

---

41 [Estas explicações estão mal colocadas no texto original. Ver *DS*, II, 164-5.] (N.E.)
42 Ver a nota anterior.

"filhos da vontade e da yoga"; criou-os, os pais sagrados, ancestrais dos arhats.

Poder mágico: poder criador da vontade e do pensamento, evocando da luz divina primordial e da vida eterna, e dos fenômenos da matéria.

Pais sagrados: o "corpo-semente-grão" dos futuros salvadores da humanidade, da hierarquia espiritual do mundo, não gerado, mas criado de maneira verdadeiramente imaculada.

ESTÂNCIA VIII
EVOLUÇÃO DOS MAMÍFEROS – A PRIMEIRA QUEDA

Como os primeiros mamíferos foram produzidos

28. Das gotas de suor, dos resíduos da substância, da matéria de cadáveres de homens e animais da roda anterior, e da poeira descartada, os primeiros mamíferos[43] foram produzidos.

Roda anterior: ronda anterior.

Primeiros mamíferos: desta quarta ronda, na qual os mamíferos foram resultado da evolução posterior ao homem.

---

43 [O texto original usa o termo "animais" em vez de "mamíferos".] (N.E.)

Uma evolução quase darwiniana

29. Animais com ossos, dragões das profundezas e serpentes voadoras foram adicionadas às coisas rastejantes. Aqueles que rastejam no chão ganharam asas. Os de pescoço longo que habitam a água tornaram-se os progenitores das aves do ar.

Animais com ossos: vertebrados.

Coisas rastejantes: répteis.

Os animais adquirem corpos sólidos

30. Durante a terceira, os animais sem ossos cresceram e mudaram; tornaram-se animais com ossos, suas sombras tornaram-se densas.

A terceira: raça.

Animais com ossos: Os vertebrados chegaram primeiro, e depois os mamíferos. Antes disso os animais eram, assim como o homem, proto-organismos etéreos.

A separação dos sexos

31. Os animais foram os primeiros a terem os sexos separados. Eles começaram a procriar. O homem duplo (então) também se separou. Disse: "Sejamos como eles; vamos nos unir e gerar outras criaturas". Assim o fizeram.

Separados: em macho e fêmea. Hoje em dia é indiscutível a existência dos antigos mamíferos hermafroditas e a subsequente separação dos sexos, mesmo do ponto de vista da biologia.

O primeiro pecado do homem sem mente

32. E aqueles que não tinham centelha tomaram para si grandes animais fêmeos. Geraram raças mudas. Mesmo eles eram mudos. Mas suas línguas estavam soltas. As línguas de seus descendentes permaneceram mudas. Procriaram monstros. Uma raça de monstros recurvados e cobertos de pelo vermelho andando de quatro. Uma raça muda para revelar a sua vergonhosa origem.

Aqueles que não tinham centelha: os mentalmente tacanhos do verso 24.

Raça de monstros: não os antropoides ou qualquer outro primata, mas, na verdade, o que os antropólogos chamariam de "elo perdido", o primitivo homem inferior, o pseudo-homem, não o verdadeiro homem. Mesmo essa raça será encontrada no último dia num dos sete caminhos (*DS*, II, 191).

Vergonha: de sua origem animal, que nossos cientistas modernos enfatizariam se pudessem.

ESTÂNCIA IX
A EVOLUÇÃO FINAL DO HOMEM

Os não criadores[44] se arrependem

33. Contemplando isso, os espíritos que não construíram os homens choraram, dizendo:

Contemplando isso: observando o pecado cometido com os animais.

Os espíritos: os "filhos da sabedoria".

Não construíram: recusaram-se a criar.

Eles expiam a própria negligência

34. "Os sem mente contaminaram nossas futuras moradas. Isso é karma. Vamos habitar nas outras. Vamos ensiná-los melhor, para que o pior não aconteça." Assim o fizeram.

Os homens tornam-se dotados de mente

35. Então, todos os homens foram dotados de mente. Eles viram o pecado dos que não tinham mente.

O pecado: a "queda". O sábio guarda o lar da ordem da natureza.

---

44 [O texto original usa o termo "criadores" em vez de "não criadores". Porém, ver o verso 25.] (N.E.)

A quarta raça desenvolve a fala perfeita

36. A quarta raça desenvolveu a fala.

Desenvolveu a fala: a primeira raça era muda; a segunda possuía uma linguagem sonora, de sons semelhantes a cantos compostos apenas de vogais; no princípio, a terceira desenvolveu uma ligeira melhora nos variados sons da natureza, como o grito de insetos gigantes e dos primeiros mamíferos. Após a separação dos sexos, no final da terceira raça, surge a fala monossilábica. Toda a raça humana naquela época se comunicava por meio de uma linguagem única e labial. A quarta raça desenvolveu a linguagem aglutinativa, e a quinta, a flexiva.

Todas as unidades andróginas são separadas e se tornam unissexuais[45]

37. O um tornou-se dois; assim como todos os seres vivos e rastejantes que ainda eram unos, peixes-pássaros gigantes e serpentes com cabeça de concha.

O um: o andrógino.

Dois: macho e fêmea.

---

45 [O texto original usa o termo "bissexual" em vez de "unissexual".] (N.E.)

ESTÂNCIA X
A HISTÓRIA DA QUARTA RAÇA

O nascimento da quarta raça, a Atlante

38. Assim, dois a dois, nas sete regiões, a terceira raça deu origem aos homens da quarta; os deuses tornaram-se não deuses.

Sete regiões: do terceiro continente, Lemúria.

Dois a dois: machos e fêmeas.

Não deuses: demônios, anjos "caídos", homens.

As sub-raças da quarta humanidade começam a se dividir e a se misturar; formam as raças mistas de várias cores

39. A primeira, em todas as regiões, era da cor da Lua; a segunda, amarela como ouro; a terceira, vermelha; a quarta, parda, que se tornou negra. Os primeiros sete rebentos humanos eram todos de uma mesma compleição. Os sete seguintes começaram a misturar-se.

Os primeiros sete rebentos humanos: da primeira sub-raça.

Os sete seguintes: da segunda sub-raça.

De uma mesma compleição: de sangue puro.

A superioridade da raça Atlante sobre as outras

40. Então, a terceira e a quarta tornaram-se orgulhosas. "Nós somos os reis; somos os deuses."

A terceira e a quarta: raças, Lêmuro-Atlantes.

Caem em pecado e geram filhos e monstros

41. Tomaram esposas formosas. Esposas dos "sem mente", os de mente estreita. Geraram monstros. Demônios perversos, machos e fêmeas, também demônios femininos de mente estreita.

Mente estreita: ver os versos 24, 32.

Tomaram esposas: a primeira guerra que a Terra conheceu, o primeiro derramamento de sangue humano, foi o resultado da abertura dos olhos e dos sentidos do homem, que o fez ver que as filhas e as esposas de seus irmãos eram mais formosas que as suas.

Os primeiros germes do antropomorfismo e da religião sexual. Eles perdem seu "terceiro olho"

42. Construíram templos para o corpo humano. Adoravam macho e fêmea. Então, o terceiro olho perdeu a sua função.

Adoravam macho e fêmea: os primórdios do falicismo e do culto sexual.

O terceiro olho perdeu sua função: porque o homem mergulhou profundamente na lama da matéria.

ESTÂNCIA XI
CIVILIZAÇÃO E DESTRUIÇÃO DA TERCEIRA E DA QUARTA[46] RAÇAS

Os Lêmuro-Atlantes constroem cidades e propagam a civilização. A fase inicial do antropomorfismo

43. Com terras e metais raros, eles construíram grandes cidades, e do fogo expelido, da pedra branca das montanhas e da pedra negra, esculpiram suas próprias imagens, em tamanho e semelhança, e as adoraram.

Eles: os Lêmuro-Atlantes. A partir deste momento, temos de juntar os dois e falar sobre eles coletivamente por determinado tempo.

Dos fogos expelidos: lava.

Pedra branca: mármore.

Pedra negra: dos fogos subterrâneos.

---

46 ["No texto original está "Quarta e Quinta" em vez de "Terceira e Quarta".] (N.E.)

Suas estátuas, testemunhas do tamanho dos Lêmuro-Atlantes

44. Eles construíram grandes imagens de nove jardas[47] de altura, do tamanho de seus corpos. Os fogos internos[48] destruíram a terra de seus pais. As águas ameaçavam o quarto.

Fogos internos: chamas vulcânicas.

Terra de seus pais: a Lemúria.

O quarto: continente, a Atlântida.

A Lemúria foi destruída pelo fogo, a Atlântida pela água. O dilúvio

45. Chegaram as primeiras grandes águas. Elas engoliram as sete grandes ilhas.

Sete grandes ilhas: pertencentes ao continente da Atlântida.

A destruição da quarta raça e dos últimos animais monstros antediluvianos

46. Todos os santos foram salvos, os profanos destruídos. Com eles, extinguiu-se a maioria dos enormes animais, produzidos a partir do suor da Terra.

---

47 Unidade inglesa de medida de comprimento que equivale a 0,91 metro, de modo que nove jardas correspondem a cerca de oito metros. (N.T.)

48 [O texto original usa o termo "lunar" em vez de "interno".] (N.E.)

Todos os santos: aqueles que não haviam perdido o uso do terceiro olho.

Os profanos: magos e feiticeiros.

Animais enormes: espíritos materiais inferiores da Terra.

ESTÂNCIA XII
A QUINTA RAÇA E SEUS
INSTRUTORES DIVINOS

Os remanescentes das duas primeiras raças desaparecem para sempre. Grupos das várias raças atlantes foram salvos do dilúvio junto com os precursores da quinta

47. Restaram poucos sobreviventes: alguns amarelos, alguns pardos e negros, e alguns vermelhos. Aqueles com a cor da Lua sumiram para sempre.

A cor da Lua: da linhagem divina primitiva da primeira e da segunda raças.

Amarelos, pardos, negros, vermelhos: subdivisões da primeira sub-raça da quinta raça-raiz.

As origens de nossa raça atual, a quinta.
As primeiras dinastias divinas

48. A quinta, produzida a partir da linhagem sagrada, permaneceu viva; e foi governada pelos primeiros reis divinos.

Os mais remotos vislumbres da história, agora sujeitos à cronologia alegórica da Bíblia, e a história "universal" que a segue servilmente. A natureza dos primeiros instrutores e civilizadores da humanidade

49. As serpentes que desceram novamente, que fizeram as pazes com a quinta, que a ensinaram e instruíram.

Serpentes que desceram novamente: os adeptos ou "sábios" que habitavam o subterrâneo, em geral abrigados em determinado tipo de estrutura piramidal, sendo as "serpentes da sabedoria cujos refúgios estão agora sob as pedras triangulares".

Conclusão

A duração dos períodos que separam, no espaço e no tempo, a quarta da quinta raça – nos históricos ou mesmo lendários primórdios desta última – é extraordinária demais para oferecermos, mesmo a um teosofista, quaisquer relatos mais detalhados sobre eles. No curso das eras pós-diluvianas – marcadas em certas épocas periódicas pelos mais terríveis cataclismos – muitas raças e nações nasceram e desapareceram quase sem deixar vestígios para que alguém possa fazer qualquer descrição mínima que seja a seu respeito. Se os Mestres de Sabedoria têm conhecimento de uma história consecutiva e completa de nossa raça desde seu estágio incipiente até o presente; se possuem o registro ininterrupto do homem, desde que este se tornou um ser físico pleno e, assim, se transformou no rei dos animais e mestre desta terra – não cabe à autora dizer. Muito provavelmente sim, e essa é a nossa convicção pessoal. Mas, se assim for, tal conhecimento é apenas para os *mais altos* Iniciados, que não os confiam a seus discípulos. A autora pode, portanto, revelar apenas o que lhe foi ensinado, e nada mais.

Mas mesmo isso atrairá o leitor profano mais como um misterioso sonho fantástico do que como uma realidade possível. É natural que seja assim, pois durante anos tal foi a impressão causada à humilde autora destas páginas. Nascida e criada em países europeus, racionais e presumivelmente civilizados, ela assimilou com grande dificuldade o que aqui foi exposto. Mas há provas de certo caráter que se tornam irrefutáveis e inegáveis para toda mente séria e sem preconceitos. Ao longo de vários anos, tais provas lhe foram oferecidas, e agora ela tem plena certeza de que nosso globo atual e suas raças humanas devem ter nascido, crescido e se desenvolvido dessa maneira, e não de outra qualquer.

Que assim seja. Nenhum descrente que tome a "Doutrina Secreta" por "mistificação" é forçado ou mesmo persuadido a acreditar nas nossas declarações. A propósito, nem é necessário que alguém acredite nas ciências ocultas e nos antigos ensinamentos antes de saber alguma coisa ou mesmo de acreditar na própria alma. Nenhuma grande verdade jamais foi aceita *a priori* e, geralmente, um século ou dois se passaram antes que ela começasse a brilhar na consciência humana como uma possível verdade, exceto em casos como a descoberta positiva de algo reivindicado como fato. As verdades de hoje são as falsidades e erros de ontem, e vice-versa. É somente no século XX que partes, se não a totalidade, da presente obra serão justificadas.

"Ao duvidares, abstém-te", diz o sábio Zoroastro, cujo aforismo prudente é corroborado em todos os casos pela vida cotidiana e pela experiência. No entanto, assim como São João Batista, esse sábio das eras passadas é encontrado pregando no deserto na companhia de um filósofo mais moderno, a saber, Bacon, que oferece a mesma fração de inestimável sabedoria prática. "Na contemplação", diz ele (e em qualquer questão de conhecimento, acrescentamos), "quem começa com certezas, terminará com dúvidas; porém, quem se contentar em começar com dúvidas, terminará com certezas." Com esse conselho do pai da filosofia inglesa aos representantes do ceticismo britânico, devemos encerrar o debate, mas nossos leitores teosofistas têm direito a uma informação final sobre ocultismo.

Foi dito o suficiente para mostrar que a evolução dos eventos, em geral, da humanidade e de tudo o que há na natureza, ocorre em ciclos. Falamos de sete raças, cinco das quais se aproximam de completar seu propósito terreno, e afirmamos que cada raça-raiz, com suas sub-raças e suas inumeráveis divisões em tribos e famílias, diversificou-se totalmente de sua raça precedente e da posterior. Tal fato será contestado a partir da autoridade que a experiência comum sobre a questão trouxe para a antropologia e a etnologia. O homem – exceto quanto à cor e ao tipo e, talvez, à diferença nas peculiaridades faciais e na capacidade craniana – sempre foi o mesmo em todos os climas e em todas as partes do mundo, afirmam os naturalistas: sim, até em estatura.

Mais uma vez nos dirigimos apenas àqueles que, duvidando da origem geral dos mitos da "contemplação dos mecanismos visíveis da natureza externa"... pensam "mais fácil encarar essas histórias maravilhosas de deuses e semideuses, de gigantes e anões, de dragões e monstros de todos os tipos, como transformações, do que enfrentá-las como invenções". Apenas sobre tais "transformações" na natureza física, tanto quanto da memória e das concepções de nossa humanidade atual, que a doutrina secreta nos ensina. Confronta as hipóteses puramente especulativas da ciência moderna, fundamentadas na experiência e nas observações exatas de apenas alguns séculos, com a tradição ininterrupta e os registros de seus santuários; e afastando aquele tecido de teorias semelhantes a uma teia de aranha, tecida na escuridão que cobre um período de apenas alguns milênios e que os europeus chamam de sua "história", a antiga ciência nos diz: Ouçam, agora, a minha versão sobre as memórias da humanidade.

As raças humanas nascem umas das outras, crescem, desenvolvem-se, envelhecem e morrem. Suas sub-raças e nações seguem a mesma regra. Se vossa cética ciência moderna e vossa suposta filosofia, que tudo negam, não contestam que a família humana é composta de uma variedade de tipos e raças bem definidas, é apenas porque o fato é inegável; ninguém se atreveria a afirmar que não há diferenças externas entre um inglês, um africano e um japonês ou um chinês. Por outro lado, é oficialmente negado pela maioria dos naturalistas que as *raças humanas mistas*, isto é, as sementes de raças inteiramente novas, já não se formam nos nossos dias. Nossa premissa geral não será aceita. Dirá que, quaisquer que sejam as formas pelas quais o homem passou no longo passado pré-histórico, no futuro ele não enfrentará mais mudanças (exceto determinadas variações, como ocorre no presente). Consequentemente, nossas sexta e sétima raças-raízes são apenas ficção.

Novamente, a resposta a isso poderia ser: Como *sabeis*? Vossa experiência está limitada a alguns milhares de anos, a menos de um dia na totalidade da humanidade, e aos tipos atuais dos continentes e ilhas de nossa quinta raça. Como podeis afirmar o que virá ou não a ser? Enquanto isso, tal é a profecia dos livros secretos e suas inequívocas declarações.

Muitos milhões de anos se passaram desde o princípio da raça Atlante, contudo encontramos o último dos Atlantes misturado ainda há onze mil anos com o elemento Ariano. Isso mostra a enorme sobreposição de uma raça sobre aquela que a sucede, embora, quanto ao caráter externo e aos tipos, a mais velha perca suas características para assumir as novas da raça mais jovem. Isso é evidente em todas as formações das raças humanas mistas. Quanto a isso, a filosofia oculta ensina que mesmo hoje, sob nossos olhos, as novas raças estão se preparando para serem formadas, e a América será o palco da transformação que ocorrerá, e que já começou silenciosamente.

Anglo-saxões puros há apenas trezentos anos, os norte-americanos já se tornaram uma nação à parte e, devido à forte mistura de várias nacionalidades e aos casamentos entre elas, uma raça *sui generis*, não apenas mentalmente, mas também fisicamente. Assim, os norte-americanos tornaram-se em apenas três séculos uma "raça primária", *pro tem.*[49], antes de se tornar uma raça à parte e fortemente separada de todas as outras existentes. São, em suma, os germes da *sexta* sub-raça e, daqui a alguns séculos, se tornarão decididamente os pioneiros daquela que deverá suceder à atual raça europeia, ou quinta sub-raça, em todas as suas novas características. Depois disso, em cerca de 25 mil anos, iniciarão os preparativos para a sétima sub-raça; até que, em consequência de cataclismos – a primeira série daqueles que um dia deverão destruir a Europa e, futuramente, toda a raça ariana (e, portanto, afetar ambas as Américas), como também a maioria das terras diretamente ligadas aos confins de nosso continente e suas ilhas – a sexta raça-raiz terá aparecido no palco de nossa ronda.

Quando isso ocorrerá? Ninguém sabe, salvo, talvez, os grandes Mestres da Sabedoria, e que se mantêm tão silenciosos sobre o assunto quanto os picos nevados que se elevam acima deles. Tudo o que sabemos é que isso acontecerá silenciosamente; de fato, tão silenciosamente que por longos milênios seus pioneiros – os descendentes inco-

---

49 Abreviação do termo latino *pro tempore*, isto é, "por enquanto" ou "temporariamente". (N.T.)

muns que do mesmo modo se tornarão homens e mulheres incomuns – serão considerados como anormais *lusus naturae*,[50] física e mentalmente. Assim, à medida que forem se multiplicando e se tornando pouco a pouco mais abundantes, acordarão um dia para o fato de que são a maioria. A partir de então, os homens atuais começarão a ser considerados mestiços excepcionais, até que morram, por sua vez, em terras civilizadas; sobrevivendo apenas em pequenos grupos em ilhas – os picos das montanhas de hoje – onde vão crescer, degenerar e finalmente morrer, talvez milhões de anos depois, como os astecas, os pigmeus nyam-nyam e os mool koorumba dos Montes Nilgiri estão morrendo. Todos esses povos são remanescentes de raças outrora poderosas, cuja existência desapareceu inteiramente da lembrança das gerações modernas, assim como desapareceremos da memória da sexta raça humana. A quinta irá sobrepor-se à sexta raça por muitas centenas de milênios, mudando com ela mais lentamente que sua nova sucessora, mudando ainda na estatura, no físico de modo geral e na mentalidade, assim como a quarta se sobrepôs à nossa raça ariana e a terceira se sobrepôs aos Atlantes.

---

50 Expressão latina que significa "aberração", "mutante" ou "monstro". (N.T.)

Esse processo de preparação para a sexta grande raça deve durar por toda a sexta e a sétima sub-raças. Entretanto, os últimos resquícios do quinto continente não desaparecerão até determinado tempo após o nascimento da *nova* raça; quando outra *nova* morada, o sexto continente, tiver surgido sobre as *novas* águas da face do planeta, para acolher o novo desconhecido. Emigrarão para o novo continente, onde se estabelecerão todos aqueles que tiverem a sorte de escapar do desastre geral. Quando isso acontecerá – como foi dito há pouco – não cabe a autora saber. Ela sabe somente que, assim como a natureza não avança por saltos e recomeços repentinos, o homem não se transforma de uma hora para outra de criança em homem maduro, o cataclismo final será precedido por muitas submersões e destruições menores, causadas tanto pelas ondas quanto pelas erupções vulcânicas. A pulsação exultante baterá forte no coração da raça que hoje habita a zona americana, mas não haverá mais americanos quando a sexta raça começar; de fato, nem mesmo europeus; pois, então,[51] terão se transformado numa *nova raça e em muitas novas nações*.

No entanto, a quinta não morrerá, mas sobreviverá por um tempo: sobrepondo-se à nova raça

---

51   [No texto original, está "agora" em vez de "então".] (N.E.)

por muitas centenas de milhares de anos, se transformará com ela – mais lentamente que sua nova sucessora – ficando ainda totalmente transformada em mentalidade, na aparência física geral e na estatura. A humanidade não se desenvolverá novamente em corpos gigantescos, como no caso dos Lemurianos e Atlantes; porque enquanto a evolução da quarta raça a levou ao extremo da materialidade em seu desenvolvimento físico, a raça atual está em seu arco ascendente; e a sexta evoluirá rapidamente além de seus limites materiais e até carnais.

Assim é a humanidade do Novo Mundo – de longe mais velho que o nosso Velho Mundo, um fato que os homens também esqueceram – dos antípodas, ou o mundo inferior, como a América é chamada na Índia, cuja missão e cujo karma é semear as sementes de uma raça futura, maior e muito mais gloriosa que qualquer uma das conhecidas por nós hoje. Os ciclos da matéria serão sucedidos por ciclos de espiritualidade e mentalidade totalmente desenvolvidas. De acordo com a lei análoga da história e das raças, a maior parte da humanidade futura será composta de grandiosos Adeptos. A humanidade é filha do destino cíclico, e nenhuma de suas unidades pode escapar de sua missão inconsciente ou livrar-se do fardo de seu trabalho cooperativo com a natureza. Assim, a humanidade, raça após raça, realizará a peregrinação cíclica designada a ela. Os climas serão transformados, e já começaram a modificar-se, a cada ano tropical, ano após ano, diminuindo uma sub-raça, mas apenas para gerar outra raça superior no ciclo ascendente; enquanto uma série de outros grupos menos favorecidos – os fracassos da natureza – assim como determinados homens, desaparecerão da família humana sem deixar vestígios.

Tal é o curso da natureza sob o domínio da LEI CÁRMICA: da natureza sempre presente e em permanente transformação. Pois, nas palavras de um sábio conhecido apenas de alguns ocultistas:

"O PRESENTE É FILHO DO PASSADO; O FUTURO, O RESULTADO DO PRESENTE. E, AINDA, Ó MOMENTO PRESENTE! NÃO SABES QUE NÃO TENS PAIS, NEM PODES TER UM FILHO; QUE GERASTES SENÃO A TI MESMO? ANTES DE TERES COMEÇADO A DIZER 'EU SOU A PROLE DO MOMENTO DA PARTIDA, O FILHO DO PASSADO', TORNASTE-TE O PRÓPRIO PASSADO. ANTES DE PROFERIRES A ÚLTIMA SÍLABA, EIS! NÃO SOIS MAIS O PRESENTE, E SIM, NA VERDADE, O FUTURO. ASSIM, SÃO O PASSADO, O PRESENTE E O FUTURO, A ETERNA TRINDADE EM UM – A GRANDE ILUSÃO DO É ABSOLUTO."

Notas

I. Acrescentar ao Glossário, p. 15:[52]
    Molde básico, Upadhi
    Base material

II. Os versos do *Rig Veda*, p. 34:[53]
    Na edição original, os versos aparecem sem qualquer indicação de sua origem. Em edições posteriores, sua fonte foi dada como "*Rig Veda* (Colebrooke)". A tradução do sânscrito, no entanto, pode ser encontrada na obra *Chips from a German Workshop* [Fragmentos de uma Oficina Alemã], de Max Muller, First Series, 1869, vol. I, p.78. Na *Doutrina Secreta*, os versos do *Rig Veda* são acresci-

---

52 Este número de página se refere à edição original. (N.T.)
53 Idem nota anterior. (N.T.)

dos de sete versos[54] de outro poema, que ainda não conseguimos localizar a fonte.

H. P. B. fez duas correções específicas na tradução de Max Muller, exatamente, a mudança de gênero dos pronomes do masculino para o neutro, nas seguintes linhas:

"*Ele* de *quem* veio toda esta grande criação, Se *Sua* vontade criou ou ficou muda".

Não consegui encontrar um exemplar de tal obra de Max Muller, e estou citando uma versão sua que está no livro *History of India* [História da Índia], de Vincent Smyth, 1923, p. 20. Há outra curiosa divergência nessa versão do texto de H. P. B. , a saber, a troca do termo *woof* por *roof* no segundo verso. Sendo isso, obviamente, um erro tipográfico. Ademais, se *woof*, cujo significado é "céu", é tomado em justaposição com *warp*, "globo terrestre", então, os dois formam uma analogia apropriada para "par de opostos" céu e terra, espírito e matéria, o não manifestado e o manifestado.

---

54 "Olhando para a eternidade... / Antes que as fundações da Terra fossem lançadas, / Tu foste. E quando a chama subterrânea / Estourará a sua prisão e devorará a estrutura... / Ficarás quieto como antes / E sem conhecer a mudança, quando o tempo não existir mais. / Oh! pensamento infinito, Eternidade divina." [*A Doutrina Secreta*, I] (N.T.)

III. *Página* 112, *linha* 12.[55] Em lugar de "Fohat" leia-se "Turbilhão de fogo".

IV. Os versos do *Kalevala*, p. 188,[56] foram extraídos da tradução de John Martin Crawford. A última linha diz: "Seis, os ovos de ouro que ela põe lá", cujo significado é "dentro", ou seja, no seio da mãe-água, ou útero.

V. Abreviações usadas:
CM: *Cartas dos Mahatmas.*
DS: *Doutrina Secreta* 1ª edição.
DS³: *Doutrina Secreta,* 3ª edição, apenas para o denominado Vol. III.
St: *As Estâncias de Dzyan.*

VI. Tudo o que está entre colchetes foi adicionado pelo editor. Todo o restante é da própria H. P. B.[57]

---

55 Este número de página se refere à edição original (N.T.)
56 Idem nota anterior. (N.T.)
57 Na presente edição foram acrescentas notas de tradução. (N.T.)

Título original: *Two Books of the Stanzas of Dzyan*.
Publicado em inglês em 1941 pela The Theosophical
Publishing House, Adyar, Madras, Índia.

Copyright da tradução e desta edição © Ajna Editora, 2022.
Todos os direitos reservados. Nenhuma parte desta obra
poderá ser reproduzida ou transmitida de qualquer
forma ou por quaisquer meios, eletrônicos ou mecânicos, incluindo fotocópia, gravação ou qualquer sistema
de armazenamento e recuperação de informações, sem a
permissão por escrito dos editores.

*Grafia conforme o novo Acordo Ortográfico
da Língua Portuguesa.*

EDITORES Lilian Dionysia e Giovani das Graças
TRADUÇÃO Lilian Dionysia
PREPARAÇÃO Lucimara Leal
REVISÃO Heloisa Spaulonsi Dionysia
PROJETO GRÁFICO DO MIOLO Tereza Bettinardi
CAPA E DIAGRAMAÇÃO Estúdio Insólito

2022
Todos os direitos desta edição reservados à
AJNA EDITORA LTDA.
ajnaeditora.com.br

Dados Internacionais de Catalogação na Publicação (CIP)
(Câmara Brasileira do Livro, SP, Brasil)

Blavatsky, H. P., 1831-1891
Estâncias de Dzyan / H. P. Blavatsky ; tradução Lilian Dionysia.
- 1. ed. - São Paulo : Ajna Editora, 2022.

Título original: Two Books of the Stanzas of Dzyan

ISBN 978-65-89732-12-9
1. Ocultismo 2. Teosofia I. Título.

22-128716   CDD-299.934

Índices para catálogo sistemático:
1. Teosofia 299.934

Primeira edição [2022]

Esta obra foi composta
em Chiswick Text e impressa
pela Ipsis para a Ajna Editora
em novembro de 2022.